elefante

criação
humana

criação humana

elefante

Conselho editorial
Bianca Oliveira
João Peres
Tadeu Breda

Edição
Tadeu Breda
Laura Alagia
Rosana Nora

Revisão
Luiza Brandino
Érika Nogueira Vieira

Capa
Catarina Bessel

Diagramação
Daniela Miwa Taira

Assistência de arte
Yana Parente

Direção de arte
Bianca Oliveira

Luci Cavallero
Verónica Gago

A CASA COMO LABORA-TÓRIO

Finanças, moradia
e trabalho essencial

Tradução
Julia Rabahie

INTRODUÇÃO

Em abril de 2020, um mês antes do início das medidas de restrição impostas pelo surto de covid-19, escrevemos que "dívida, moradia e trabalho" eram conceitos-chave para uma agenda feminista pós-pandemia.[1] Não imaginávamos que o isolamento social duraria tanto tempo, muito menos sabíamos como seria difícil falar de um "pós". Nos dois anos pandêmicos, apoiamos nossa pesquisa e militância sobre esses três eixos. Embora tenham ficado mais difíceis, os encontros coletivos continuaram ocorrendo, tornando-se menores e intermitentes, sempre em condições dolorosas e complexas. Mas, sem dúvida, foram estratégicos para elaborar conjuntamente o que aconteceu — e para que pudéssemos oferecer suporte umas às outras.

Um dos fios dessas conversas, em meio à preocupação com as questões mais urgentes, insistia: onde realizaríamos nossos encontros se a rua foi o primeiro lugar "interditado"? Como faríamos para nos reunir, uma vez que transitar havia se transformado em uma epopeia? Como conseguiríamos tempo para estar juntas, já que estancar a emergência consumia as nossas energias e as nossas horas? No calor dessas inquietudes, e depois dos primeiros meses de pandemia, outra série de perguntas apareceu: como pensar a espacialidade das reivindicações feministas

1 "Deuda, vivienda y trabajo: una agenda feminista para la pospandemia", *Anfibia*, 9 abr. 2020.

quando as "casas" são consideradas um lugar privilegiado para estar em segurança? Como essa redefinição do espaço doméstico, ocorrida durante a crise sanitária, influencia a dinâmica de nossas reivindicações? Qual é a novidade trazida pela ideia de *trabalho essencial*? Como a centralidade assumida pelo espaço doméstico graças à luta feminista impactou as políticas públicas implementadas na emergência sanitária?

Quando a covid-19 se abateu sobre a Argentina, vínhamos vivendo um momento de efervescência nas mobilizações feministas, uma ocupação das ruas para desarmar as divisões e os circuitos fechados da cidade. De repente, os espaços públicos se esvaziaram. O movimento feminista lançou iniciativas-piloto que desafiaram a solidão dos primeiros meses de isolamento: panelaços, assembleias virtuais, distribuição de cestas básicas, campanhas e redes pela legalização do aborto, grupos de WhatsApp para auxílios específicos etc. "O que nos sustenta são as redes feministas" foi uma senha que evidenciou a capacidade de *construir infraestrutura na emergência*, de somar recursos, afetos e saberes, de insistir no acompanhamento de novas circunstâncias, de criar alertas, de treinar um sentido da urgência que não nos anulasse como coletivo.

Judith Butler (2015 [2018]) escreveu que, às vezes, a revolução acontece quando ninguém quer voltar para casa. Essa questão se transformava diante de nossos olhos. O que acontece quando devemos permanecer dentro de casa para não favorecer o contágio? Em quais casas temos que ficar? A quais casas temos que voltar? O que acontece quando essa casa não é uma garantia à nossa segurança e ao nosso bem-estar? O que acontece quando o dia do despejo se aproxima? O que fazemos quando os lares se tornam zonas de extração para o capital financeiro, além de espaços de um *continuum* de trabalho ininterrupto?

Da tentativa de escapar do ambiente doméstico e desconstruí-lo enquanto sinônimo de confinamento, passamos a experimentar uma domesticidade intensificada e cambiante, e a ter que suportar a sobrecarga de tarefas de limpeza. Algumas de nós tiveram que conviver com agressores. Acreditamos que, nesse período, foi fundamental usar as ferramentas políticas da rua para colocar a casa em debate — uma espécie de ensaio de como seria desmontar a noção de "casa" com as ferramentas de luta, em um momento específico: *precisamente quando a quarentena e seus correlatos (que ainda estão em aberto) amplificam a cena da reprodução social*; isto é, quando se coloca em evidência a infraestrutura que sustenta a vida coletiva e os territórios, bem como os corpos responsáveis pela manutenção dessa infraestrutura e a situação de precariedade que esses corpos enfrentam. Como em uma radiografia, toda essa trama ficou exposta.

• • • •

Esta obra resume e condensa as questões que surgiram em nossa prática política durante a pandemia. Ao mesmo tempo, é uma continuidade da pesquisa sobre os impactos do endividamento público e privado na vida cotidiana das mulheres, lésbicas, travestis e trans que realizamos com o Grupo de Intervención y Investigación Feminista (GIIF).[2]

Seguimos duas linhas de questionamento que são parte de alianças políticas construídas durante os últimos anos de mobilização e organização feminista. Por um lado, trabalhamos a partir de um conjunto de entrevistas e conversas com mulheres da Villa 31 y 31 Bis, favela localizada em Buenos Aires, durante os meses de abril e maio de 2020, o que nos permitiu detectar rapidamente um aumento das dívidas de aluguéis informais e a aceleração dos despejos durante a pandemia (ainda que estivesse em

2 "Deuda y violencia propietaria. Finanzas y luchas por la vivenda", Instituto de Investigaciones de Estudios de Género, ago. 2020.

vigência um decreto presidencial que os proibia). Isso se encadeou com um trabalho cartográfico que já vínhamos realizando desde 2019, para discutir o que chamamos, junto com a Assembleia Feminista Villa 31 y 31 Bis, de "urbanização por dívida". Esse material foi apresentado publicamente na Greve Internacional de 8 de março de 2021,[3] em que a palavra de ordem "Ni Una Menos Sin Vivienda" [Que nenhuma fique sem moradia] estava sendo utilizada de acordo com experiências distintas.

Por outro lado, como segunda linha de ação, construímos uma aliança política entre o movimento feminista e o grupo Inquilinos Agrupados, reunindo pautas e reinvindicações e, principalmente, trabalhando em conjunto a dívida doméstica e a moradia de aluguel. Ambas as dimensões se conectaram de maneira dramática durante a pandemia, revelando também a sobreposição de violências machistas e abusos cometidos por proprietários sobretudo contra mulheres, lésbicas, travestis e trans, em um processo que caracterizamos como "violência proprietária".[4]

Na questão da moradia durante a pandemia — particularmente no modo como foi reconfigurada pelo endividamento doméstico — localizamos uma área fundamental para a pesquisa feminista. Na casa também se reorganizou a dinâmica do trabalho, remunerado e não remunerado, sob novas coordenadas. O lar é onde se concentra uma série de questões que nos permite continuar aprofundando nossa *leitura feminista da dívida* e avançar em direção ao que nos interessa aqui: em que sentido a casa se transformou em um laboratório? Como isso interfere em nossas reivindicações e articulações políticas?

Detectamos quatro dinâmicas que se *entrelaçaram* e *recaíram* sobre os lares durante a pandemia:

---

3 "Mapa feminista #NiUnaMenosSinVivienda", Ni Una Menos, 18 abr. 2021. Disponível em: https://niunamenos.org.ar/nos-mueve-el-deseo/asambleas/mapa-feminista-niunamenossinvivienda/.

4 "Vivienda: encuesta revela 'violencia propietaria' hacia personas LGBT+", *Agencia Presentes*, 14 maio 2020.

- o aumento das dívidas domésticas contraídas para a aquisição de bens básicos, consequência da diminuição da renda e do surgimento de *novas* dívidas (relacionadas a serviços públicos e urgências);
- o crescimento das dívidas de aluguéis (seja de aluguéis devidos ou que passaram a existir porque os inquilinos se endividaram para poder pagar o aluguel) e a maior exposição ao risco de despejos por acumulação de dívidas de aluguel. Isso se combina com a intensificação da especulação imobiliária (no mercado formal e informal), devido ao aumento no valor dos aluguéis (na Argentina, fruto da dolarização dos aluguéis) e à restrição na oferta de aluguéis em reação à Lei 27.551;[5]
- a reorganização e intensificação das jornadas de trabalho reprodutivo (principalmente não remunerado) e produtivo em um mesmo espaço; e
- a invasão da tecnologia financeira (*fintech*) nos lares, através de pagamentos móveis, carteiras eletrônicas e bancos digitais.

São essas quatro dinâmicas em conjunto que queremos destacar, analisar e conectar; por meio delas, podemos ler a casa não como lugar de isolamento, mas como campo de batalha fundamental, seja quando olhamos para a invasão das novas tecnologias financeiras, seja quando observamos a reorganização das jornadas de trabalho. Na casa também se acumulam disputas políticas que impactam até mesmo a redefinição de políticas públicas. A casa,

5 Publicada em 1º de julho de 2020, durante o governo de Alberto Fernández (2019-2023), a Lei 27.551 determinava que o valor dos aluguéis poderia ser reajustado apenas uma vez por ano e de acordo com um índice específico criado pelo Banco Central da Argentina. Devido à alta inflação existente no país no período, muitos proprietários preferiram não colocar seus imóveis para alugar, provocando uma queda na oferta. Essa legislação foi revista em outubro de 2023 pela Lei 27.373, a qual foi revogada pelo governo de Javier Milei apenas dois meses depois. [N.E.]

conforme argumentaremos a seguir, é um espaço que passa a condensar formas financeiras inovadoras (o que faz da pandemia um laboratório financeiro) e de intensificação do trabalho (remunerado e não remunerado). É no lar — espaço que o capital historicamente considerou como "não produtivo" — que se entrelaçam formas decisivas da valorização atual.

1

A DÍVIDA NO CENTRO

Em *Uma leitura feminista da dívida: vivas, livres e sem dívidas nos queremos!* (Criação Humana, 2022), apontamos como o endividamento público argentino, acentuado exponencialmente pelo megaempréstimo do Fundo Monetário Internacional (FMI) destinado ao país em 2018 durante o governo do presidente Mauricio Macri, se traduziu em políticas de ajuste que se abateram sobre os lares em forma de dívida doméstica.

Nessa pesquisa, constatamos um aumento e uma proliferação de modalidades (formais e informais, bancárias e não bancárias) de endividamento que começaram a ser utilizadas pelas pessoas como complemento necessário da renda — que diminuiu. Assim, as políticas de austeridade impostas pelo endividamento externo recorde,[6] juntamente com a inflação e a consequente perda de poder aquisitivo dos benefícios sociais, das aposentadorias e dos salários, tornaram o endividamento obrigatório para que muita gente pudesse acessar bens básicos de sobrevivência, como alimentos e medicamentos.

Essa realidade afetou particularmente as mulheres dos setores populares. Uma evidência eloquente desse fenômeno é o surgimento do endividamento massivo através da Asignación Universal

6 Em 2018, durante o governo de Mauricio Macri (2015-2019), a Argentina contraiu com o FMI um empréstimo de 57 bilhões de dólares — o maior já concedido pelo organismo a um país. [N.E.]

por Hijo (AUH).[7] Um estudo da Central de Trajadores y Trabajadoras de la Argentina — Autónoma (CTAA)[8] mostra como o valor da AUH foi sendo depreciado durante todo o período, perdendo seu poder de compra e se transformando em uma mera garantia para que o cidadão possa se endividar.

O empobrecimento acelerado implicou um salto quantitativo e extensivo da dívida já existente em muitos lares: o endividamento para garantir o necessário do dia a dia e para pagar serviços básicos — água, gás e luz — se transformou em um instrumento *compulsório*. A dívida, como tecnologia financeira, se *capilariza* como solução para a precarização. A particularidade desse fenômeno é que o endividamento já não aparece associado ao consumo pontual de um bem ou serviço; tornou-se uma forma permanente e obrigatória de complementar a renda em queda livre.

Toda uma nova equação se produz entre renda e dívida quando essa renda (seja ou não salarial) já não consegue garantir a reprodução da vida. Aqui, portanto, nossa pesquisa descobriu algo importante: quando a dívida se torna cotidiana, há uma mudança qualitativa no significado que assume dentro das casas, pois passa a se estruturar segundo a fórmula "endividar-se para viver". Isso se articula com uma mudança quantitativa, já que a dívida atinge cada vez mais lares e produz um quadro de "superendividamento", reconhecido recentemente como uma violação aos direitos humanos (Bohoslavsky, 2020).

Isso é o que chamamos de "colonização financeira da reprodução social" (Federici, Gago & Cavallero, 2021 [2023]), ou seja, o avanço

7 "Los impactos del ajuste económico en las políticas de niñez y adolescencia, 2016-2019", Cepa, 4 set. 2019. [Promulgada como lei em 1996, a AUH pode ser traduzida livremente como benefício universal por filho. Trata-se de uma quantia mensal paga pelo governo argentino a pessoas que tenham filhos menores de dezoito anos e estejam desempregadas, em empregos informais ou trabalhem no serviço doméstico — N.E.]

8 "Fuerte deterioro de la Asignación Universal por Hijo y la Jubilación Mínima", CTAA, 28 fev. 2019.

das finanças sobre áreas cruciais da reprodução social: alimentação, saúde, moradia e educação. Tal qual engrenagem, esse avanço se relaciona com as violências machistas. A pesquisa sobre os efeitos do superendividamento na vida cotidiana, portanto, precisa analisar prioritariamente o sujeito que sustenta as economias domésticas em momentos de crise, *dando corpo à dívida*.

"Endividar-se para viver" acarreta impactos subjetivos que reorganizam a cotidianidade e a domesticidade e intensificam as hierarquias de gênero agora associadas ao pagamento das dívidas. A presença permanente do endividamento coloca a dívida no centro da vida doméstica, fazendo com que as pessoas endividadas destinem todas as suas energias e os seus esforços para evitar o atraso no pagamento das parcelas, inclusive recorrendo a empréstimos familiares e outros tipos de ajuda que podem colocar em risco laços de proximidade e comunitários. Isso significa que a dívida também passa a impor uma organização do trabalho dentro e fora do ambiente doméstico, incentivando empregos cada vez mais precários e até mesmo ilegais.

Portanto, uma dimensão imprescindível do endividamento doméstico é sua relação com os trabalhos não remunerados, majoritariamente feminizados. Essa proposta é uma nova chave metodológica trazida por nossa *perspectiva feminista da dívida*, fundamental para compreender o impacto da pandemia na espacialidade doméstica — e também para sublinhar e qualificar a relação entre endividamento e trabalho, porque evidencia que a dívida não pode se desprender de sua dependência do trabalho. Contra a abstração financeira que pretende considerá-la apenas como uma equação matemática ou um índice de mercado, a dívida *recai* em corpos e territórios concretos, dos quais extrai valor e aos quais explora de maneira diferenciada.

A necessidade de se endividar para viver se faz ainda mais forte nos lares monomarentais, onde a mulher é a única a se responsabilizar pelo sustento e pelo cuidado das crianças, convertendo o endividamento em mais uma forma de intensificação das desigualdades de gênero e de exploração particular do trabalho remunerado. A existência de uma capilarização do endividamento doméstico *prévia à pandemia* evidencia que o período excepcional de emergência sanitária se abateu sobre lares que já conviviam com passivos financeiros, aos quais se somaram novas dívidas.

Às condições de precarização em curso se somou também uma maior dificuldade de mulheres, lésbicas, travestis e trans de participar no mercado de trabalho devido ao aumento de tarefas de cuidado nos lares e nas comunidades. Uma pesquisa realizada pela Secretaria de Economia e Gênero do Ministério da Economia da Argentina e pelo Fundo das Nações Unidas para a Infância (Unicef), com números relativos ao primeiro semestre de 2020, revelou que a pobreza atingia 68,3% dos lares monomarentais (Unicef & Ministerio de Economía de Argentina, 2021). De fato, no pior momento da pandemia, houve uma diminuição de 14% na taxa de atividade entre mulheres chefes de família com crianças e/ou adolescentes, quase quatro pontos a mais que a diminuição da taxa de atividade geral no mesmo período. Essas situações funcionaram como motor para a geração de novas dívidas associadas à gestão da vida cotidiana no momento em que as medidas de isolamento social foram mais intensas. Ou seja: estamos diante de uma engrenagem na qual mais trabalho não remunerado corresponde a mais endividamento.

2

O DOMÉSTICO EM CONFLITO

A politização do espaço doméstico é uma bandeira histórica do feminismo. Diversas teorizações e práticas deixaram claro que dentro de casa se produz valor, que os cuidados que sustentam a vida são historicamente invisibilizados — apesar de serem imprescindíveis — e que o confinamento entre quatro paredes é uma ordem política das hierarquias patriarcais.[9]

O conceito de "donadecasificação" (*housewifization*), cunhado por Maria Mies (2019 [2022]), é essencial para a constelação gramatical histórica do doméstico. Dele podemos derivar vários questionamentos: por que o capitalismo necessita criar um espaço de reclusão e consumo para que as mulheres, segundo a ideia privada de amor, construam um lar? Quando isso acontece? E em relação a quais outros fatos históricos? Esse processo de donadecasificação, diz Mies, permite converter o espaço doméstico em uma "colônia interna" do homem europeu enquanto este coloniza territórios "externos". Colonização e donadecasificação são processos que

---

9 Nos últimos anos, tem se desenvolvido um intercâmbio renovado das discussões da década de 1970, na tentativa de compreender, em termos marxistas e feministas, a produção de valor no âmbito da reprodução social. Ver Alessandra Mezzadri (2019). Para um debate que relaciona reprodução social e reprodução comunitária, ver Mina Navarro *et al.* (2016).

andam juntos. Por meio de sua lógica de implicação mútua, podemos ler a própria estrutura do capitalismo colonial e patriarcal.

Nesse sentido, o espaço familiar é, ao mesmo tempo, um âmbito que garante a criação de necessidades, a euforia higienista e a submissão da reprodução a lógicas familiares heteronormativas. Mies (2019, p. 210 [2022, p. 213]) afirma: "a donadecasificação significa a externalização, ou a exterritorialização, dos custos que, de outra forma, teriam de ser assumidos pelos capitalistas. Isso significa que o trabalho da mulher é considerado um recurso natural, livremente disponível, como o ar e a água".

O resultado desse processo é a produção de um exército de "trabalhadoras ocultas". Não há proletarização masculina sem a donadecasificação das mulheres. Não há colonização externa sem colonização interna. A donadecasificação se estrutura também por meio de processos de proletarização principalmente nos países periféricos, onde as mulheres atuam ao mesmo tempo como trabalhadoras no escritório (ou na fábrica, no hospital, no supermercado etc.) e como "trabalhadoras invisíveis". A dona de casa "exclusiva" é uma figura que nunca se tornou universal.

Portanto, precisamos repensar as dinâmicas de donadecasificação na atualidade, uma vez que a reconfiguração do doméstico está ocorrendo rapidamente, sobretudo se considerarmos a realidade dos nossos países, onde donadecasificação e colonização se sobrepõem e se interseccionam. É nas regiões periféricas da economia-mundo que os limites e desdobramentos do doméstico se expandem ao bairro e à comunidade, a partir dos quais o confinamento do lar é desafiado.

É fundamental compreender a instauração do doméstico como a produção de um espaço de trabalho obrigatório e gratuito. Isso foi sistematizado por Silvia Federici no já clássico *Calibã e a bruxa: mulheres, corpo e acumulação primitiva* (2011 [2023]). O doméstico se produz no capitalismo como espaço de "confinamento". As mulheres são *confinadas* no lar, limitadas a esse âmbito batizado como "privado". Sua capacidade de liderança política e de grupo é sequestrada. Aprendemos com Federici — cuja teorização se nutre da experiência política da campanha por salários para o trabalho doméstico dos anos 1970 (Federici, 2019) — que o capitalismo organiza um modo de exploração específico para certos corpos "donadecasificados", o que pressupõe que essas tarefas sejam socialmente desprestigiadas e que suas redes de cooperação sejam desfeitas, isolando suas protagonistas em casa. Só assim se justificam seu confinamento e sua privatização, bem como sua naturalização como "matéria-prima" a ser explorada sem remuneração.

Logo depois, esse trabalho vai se conectar com estritas divisões de gênero (quem deve cuidar, criar, alimentar etc.) que buscam romantizá-lo, como se se tratasse de uma tarefa unicamente afetiva, desvinculada de sua organização extenuante e hierárquica. Por sua vez, as formas de trabalho inauguradas com a escravização colonial persistem, assumindo novas articulações do trabalho segundo hierarquias de raça, classe e gênero.

A exploração violenta da força de trabalho, em suas divisões sexuais e internacionais, se atualiza constantemente através das novas ondas de acumulação primitiva, conforme descritas por Rosa Luxemburgo (Harvey, 2005 [2008]). Esse processo permite subordinar a relação entre sexos — sobretudo no que diz respeito aos corpos feminizados — e dispor de trabalho gratuito enquanto esse trabalho é desvalorizado politicamente.

Desde a instauração do neoliberalismo, há mais de quatro décadas, tais mecanismos vêm sendo relançados e intensificados, colocando em primeiro plano a espoliação de recursos naturais e bens comuns, a privatização de serviços públicos, o crescimento do trabalho não remunerado e a financeirização da reprodução social.

3

ESSENCIALIDADE E REMUNERAÇÃO: ASSUNTOS SEPARADOS

Pensar sobre a hipótese de que a casa funcionou como laboratório durante a pandemia nos leva diretamente a perguntas que a organização e a mobilização feministas elaboraram nos anos anteriores ao surto de covid-19: como se contabiliza uma jornada de trabalho que não tem duração fixa? O que se "produz" dentro do lar? Como calcular seu valor? Quem deve remunerar esse trabalho? Quem realiza as tarefas de reprodução? Como esse trabalho ultrapassa os limites das quatro paredes da casa?

Se partimos da ideia de que o trabalho doméstico deve ser gratuito como condição de possibilidade do capitalismo, a pergunta se desloca: em vez de questionarmos se o trabalho doméstico produz ou não produz valor (embora claramente produza), devemos questionar por que o sistema precisa que esse trabalho seja permanentemente negado e condenado à gratuidade, e qual dispositivo político permite que essa lógica continue vigente. A partir daí, podemos estabelecer estratégias para o reconhecimento, a remuneração e, sobretudo, a reorganização do trabalho doméstico.

Aqui é importante lembrar que existe um longo debate sobre a "medida do valor" e a crise da forma valor associada ao salário, cujas releituras permitem discutir o que acontece com o trabalho doméstico. Impulsionadas pelas teorizações feministas da desmedida (*desmesura*) (Morini, 2014), diferentes interpretações incorporaram noções como valor-afeto e valor-comunidade para pensar outras formas de valor e medir outras instâncias produtivas que excedam a medição do salário.

A dificuldade dessa "medição" em certos âmbitos e tarefas não indica a inexistência de produção de valor. Em síntese, poderíamos afirmar que a perspectiva feminista é aquela que desestabiliza o cálculo e a medida pautados pela racionalidade do capital. A "desmedida" — que compreende as formas de trabalho invisibilizado e não contabilizado e, inclusive, a história subjetiva das opressões — caracteriza o trabalho reprodutivo e também o trabalho exercido nas periferias. Essa "desmedida", como fonte de excesso, expressa ainda a potência (indeterminada) do trabalho como trabalho vivo. Ou seja, o debate sobre o trabalho reprodutivo levanta questões que nos permitem compreender dinâmicas gerais do trabalho associadas à dinâmica patriarcal/colonial de precarização segmentada da força de trabalho.

Entretanto, a desmedida é também aproveitada pelos dispositivos financeiros que se lançam sobre a riqueza coletiva, capturando-a. As finanças se embrenham nos lares porque ali se pratica uma "pedagogia microscópica" (Murard & Zylberman, 1976) que produz hábitos. Segundo Toni Negri, é necessário considerar que a casa é um espaço de elaboração tanto das "atitudes que viram formas" como dos "elementos arquitetônicos que viram máquinas". Formas e máquinas, continua Negri, são, do ponto de vista subjetivo, "a digitalização da sociedade e a informatização da cidade". Ambas possibilitam "trabalhar em casa em uma situação na qual os elementos arquitetônicos e as redes comunicativas se inserem na própria moradia" (Negri, 2020).

Se a "economia da dívida" se expressa, nos dizeres de Maurizio Lazzarato e Eric Alliez (2021 [2020]), em formas variadas de guerra, nos interessa pensar especificamente sua maneira de agredir a reprodução social, de estabelecer ali seu campo de batalha. Porque, ao mesmo tempo, isso é feito como uma disputa de subjetividades que atua no plano da formação microscópica e reiterativa dos nossos hábitos para a gestão da vida cotidiana na precariedade.

Nos últimos anos, como efeito das mobilizações massivas do feminismo na Argentina, a ocupação das ruas foi um aspecto fundamental para "desconfinar" os lares, criticar suas fronteiras e confrontar a invisibilização e a privatização das tarefas realizadas em seu interior. O feminismo move a lente das espacialidades produtivas e, como argumenta Federici (2018 [2021]), permite contabilizar a duração da jornada de trabalho incluindo a cozinha e o quarto — aos quais poderíamos somar ainda os bairros e os espaços comunitários.[10] É nessa rede de espacialidade laboral que se desenvolve a tarefa de reproduzir a vida e que são realizados os trabalhos que misturam autogestão e escassez de recursos públicos, dando origem a trabalhos sociais que completam e/ou substituem os serviços públicos deficientes ou inexistentes, enquanto sustentam uma força de trabalho disposta a uma precariedade cada vez maior.

Assim, casas se transformam em creches diante da falta de vagas em certos bairros, refeitórios se prolongam até as casas porque já ficaram pequenos, galpões abrigam o consultório médico, reparos em ruas e espaços escolares são realizados por associações de bairro, e as redes destinadas a lidar com a violência de gênero ficam sobrecarregadas. É esse mundo ampliado do trabalho, em geral associado às imagens do "submerso" e do oculto (como o doméstico em si), que permite, mesmo em uma crise, que a organização social estruture a vida cotidiana. Essas dinâmicas de trabalho, multifacetadas e em funcionamento contínuo, são protagonizadas em sua maioria por mulheres, lésbicas, travestis e trans. São elas que realizam uma enorme massa de trabalho gratuito, parcamente subsidiado, "não registrado", precarizado.

10 Não é por acaso que, durante o governo de Mauricio Macri na Argentina, tenham sido montadas operações de inteligência nos refeitórios (espaços de organização dos bairros e de poder político). Ver "'Gestapo' macrista: un ejército de espías para controlar el territorio", *Página 12*, 23 jan. 2022.

Com a crise acelerada pela pandemia, os contornos da precarização se tornaram mais difusos. Na Argentina, isso se expressou no número de solicitações de Ingreso Familiar de Emergencia (IFE), auxílio emergencial concedido pelo governo durante a crise sanitária. Segundo as estimativas oficiais, três milhões de pessoas requisitariam o benefício. Contudo, onze milhões de argentinos (um quarto da população) "apareceram" para sacar o IFE — um novo subsídio, à parte dos já existentes, revelando formas de precariedade que em geral não são consideradas como "pobreza" pelos índices tradicionais e que, entretanto, marcam uma reestruturação profunda na capacidade cotidiana de obtenção de renda.

O IFE se tornou também um terreno de disputa. Foi preciso lutar para que o auxílio governamental pudesse beneficiar as empregadas domésticas — um dos setores mais prejudicados pelas restrições sanitárias,[11] que historicamente goza dos salários mais baixos e é uma das maiores portas de entrada das mulheres no mercado de trabalho.[12] Assim, a discussão sobre quais setores, trabalhos e atividades deveriam ser contempladas pelo auxílio emergencial não foi abstrata; pelo contrário, foi influenciada pelas lutas pelo reconhecimento e pela remuneração dos trabalhos informalizados, precários e feminizados.

Poderíamos, com base nos usos da categoria "trabalho essencial" que se popularizaram na pandemia, mapear uma reclassificação paradoxal da crise do trabalho assalariado e uma tendência à intensificação dos trabalhos menos reconhecidos como tais?

---

11 "Estudio de la UNLa y el Conicet revela que apenas un tercio de las trabajadoras domésticas sigue cobrando su salario en cuarentena", UNLa, 27 maio 2020.

12 Na Argentina, cerca de 1,4 milhão de pessoas se ocupam no trabalho doméstico em casas particulares. É uma atividade quase exclusivamente realizada por mulheres (99,3%) e concentrada na faixa etária acima de 35 anos. No total, representam 8,1% da população com trabalho no país e 17,4% das mulheres trabalhadoras. Ver "Condiciones de empleo, trabajo y salud de las trabajadoras domésticas en casas particulares", Argentina.gob.ar, 5 maio 2020.

Quais corpos sustentam essa essencialidade, e a que custos (físicos e psicológicos)?

Quando falamos em trabalho reprodutivo, referimo-nos ao trabalho realizado nos *territórios domésticos*, que não são apenas lares, mas se constituem como espaços de reprodução coletiva, comunitária, de bairro, diante das espoliações sistemáticas que privaram esses mesmos lares das possibilidades mais básicas de sustento. São *esses* trabalhos desenvolvidos *nesses* territórios que ampliam de fato a espacialidade doméstica e que respondem às urgências cotidianas: da escassez alimentar à emergência sanitária, passando pelas violências de gênero e pelos problemas habitacionais.

Ganhou centralidade justamente aquele trabalho que condensa as tarefas realizadas por mulheres, lésbicas, travestis e trans, pequenas proprietárias de terra, migrantes, historicamente não reconhecidas como trabalhadoras e desvalorizadas em sua capacidade produtiva. Foram consideradas *essenciais* jornadas de trabalho sem limite, marcadas pela disponibilidade diante da emergência, pela invenção de recursos em meio à escassez, pelo exercício de saberes que vêm se acumulando como alternativas de enfrentamento à espoliação cotidiana. A gestão comunitária e os trabalhos domésticos assumiram, portanto, o mesmo caráter essencial dos trabalhadores da saúde e da educação públicas.

Em relação ao trabalho assalariado registrado, tradicionalmente tido como produtivo, a categoria de "trabalho essencial" habilitou uma disputa sobre os critérios de sua definição. Na Argentina, a não essencialidade reivindicada por trabalhadores de empresas de bebidas alcoólicas e alimentos ultraprocessados, por exemplo, foi motivo de conflito com o sindicato patronal, que não pretendia suspender a produção (Basualdo & Pelaez, 2020). No Chile e no Brasil, essa mesma batalha esteve diretamente relacionada à demora dos governos em determinar medidas de isolamento. Para mencionar apenas um caso, a fabricante de cigarros British American Tobacco reivindicou-se perante as autoridades chilenas como "produção essencial", mesmo registrando alto índice de contágio entre seus funcionários. A definição de quais áreas deveriam ser abarcadas pela categoria de "trabalho essencial" se converteu em um tipo de teste do poder das empresas para fazer lobby, confrontar as medidas que as impediam de demitir trabalhadores, conseguir subsídios estatais para remunerar os funcionários e, inclusive, forçar a gramática de acordos sindicais sobre cortes de salário. Houve ainda um segundo momento, marcado por trabalhadores e trabalhadoras assalariadas e registradas que, uma vez categorizadas como "essenciais", reivindicaram condições de segurança e salubridade em seus locais de trabalho, traduzindo essa essencialidade em termos de direitos e proteções. Essa reivindicação foi especialmente notável na área da saúde e nos supermercados.

Em uma perspectiva feminista sobre o trabalho, houve duas disputas importantes. Primeiro, a reivindicação para que fossem considerados "essenciais" os acompanhamentos em casos de violência de gênero que obrigavam as vítimas a se deslocar pelo bairro ou pela cidade — em um momento posterior, esse tipo de tarefa foi reconhecido como essencial pelo governo federal argentino. Segundo, a disputa pelo reconhecimento da essencialidade do trabalho de cuidado realizado nos bairros e nas casas fez surgir palavras de ordem como "*Nosotras estamos en la primera línea*" [Nós estamos na linha de frente] ou "*Somos esenciales*" [Somos essenciais].

A torção de sentidos provocada pelo reconhecimento dos trabalhos comunitários como "essenciais" é complexa, pois isso aconteceu, em grande medida, por meio da interpretação desses trabalhos como abnegação, heroísmo e atribuições de gênero. Isso entra em curto-circuito com o reconhecimento outorgado a essas mesmas tarefas pelo feminismo nas mobilizações, nos debates e na organização popular ocorridos nos últimos anos — tarefas pelas quais o feminismo reivindica direitos e salários, e às quais atribui um valor político e de liderança territorial.

"Trabalho essencial", então, condensa um forte paradoxo. Tal designação sugere uma renaturalização dessas tarefas e dos corpos que supostamente devem se dedicar a elas. Antes invisibilizado, esse trabalho agora é aplaudido, mas permanece insuficientemente remunerado — o que produz uma reviravolta particular: essas tarefas são reconhecidas como trabalho, mas, ao qualificá-lo como *essencial*, parece deixar de ser trabalho. Seu valor é reconhecido, mas, aparentemente, apenas de forma simbólica e emergencial.

Assim, os trabalhos vinculados à reprodução social — que incluem, como dissemos, desde a educação até a saúde, abarcando todo tipo de tarefas de cuidado, de produção agroecológica e de suporte telefônico etc. — passam a ser objeto da velha manobra histórica de naturalização do trabalho de reprodução, agora escancarada, a céu aberto e em grande escala, e já não apenas como confinamento no âmbito do lar. *Ao mesmo tempo*, há uma “volta” ao lar, impulsionada pelo trabalho remoto ou *home office* em expansão, pelas tarefas reprodutivas e pelos novos cuidados.

Se, por um lado, uma determinada acepção de trabalho essencial pretende legitimar a gratuidade e/ou a remuneração insuficiente de certas tarefas realizadas na espacialidade dos territórios domésticos, por outro lado podemos compreender nessa mesma definição o resultado de um grande acúmulo de lutas. Afinal, teria sido possível que a essencialidade se vinculasse explicitamente às tarefas reprodutivas sem a prévia politização dos cuidados que os feminismos colocaram na agenda de maneira massiva nos últimos anos?

Analisada pela lente feminista, a definição de “trabalho” se expande para além das pessoas que recebem salário, porque considera como “trabalhadores e trabalhadoras” todos aqueles que experimentam situações de exploração e opressão, estejam ou não inseridos em uma relação remunerada, dentro ou fora do terreno privilegiado da fábrica. Segundo essa mesma perspectiva, a subordinação e a exploração dessa grande massa amorfa de trabalho são necessárias para a existência do trabalho assalariado, reconhecido, registrado, sindicalizado. Mais do que nunca, não se trata de optar por uma ou outra perspectiva, mas de *traçar os circuitos* que as interconectam.

Neste momento, a disputa sobre as formas de trabalho é fundamental, pois a tensão entre essencialidade, reconhecimento e remuneração é uma pauta prioritária dos feminismos, refletida nas convocações das últimas greves internacionais de mulheres. Trata-se de levar a sério a ampliação do conceito de trabalho proposta pelo feminismo, colocando a lupa sobre a reprodução social e traduzindo-a em reivindicações políticas concretas.

Os diagnósticos feministas sobre a pauperização das condições do trabalho assalariado, doméstico, migrante, submetidas a processos acelerados de precarização ocasionados pela pandemia, são os mais certeiros, tanto porque ampliam a noção de trabalho (ao ponto que permite compreender sua essencialidade) quanto porque pensam estratégias coletivas para intervir nessa ampliação.[13] Evidenciar a multiplicação de jornadas em um mesmo dia, o cansaço que implica submeter o corpo à crise, o trabalho remoto simultâneo às tarefas escolares das crianças dentro de casa, o malabarismo financeiro que é preciso fazer com a renda carcomida pela inflação, a substituição dos serviços antes providos pelo Estado e que agora estão a cargo de redes sociais sobrecarregadas e com recursos insuficientes — tudo isso expande o campo de lutas, coloca em destaque o trabalho gratuito e disputa reconhecimento e recursos que incluem e ao mesmo tempo ultrapassam o salário.

É necessário repensar a espacialidade e a conflitividade do trabalho — e seus modos de compreendê-las, medi-las, visibilizá-las — para compreender também suas dinâmicas de luta, resistência e disputa da riqueza comum, sobretudo nos dias de hoje, quando a própria noção de trabalho essencial parece ter sido arquivada.

---

13 "La Federación Nacional Territorial lanza la campaña 'Somos Esenciales'", CTAA, 23 fev. 2021.

4

A CASA-FÁBRICA

Aqui nos interessa pensar como se reconfigura o que a campanha por salários para o trabalho doméstico afirmava nos anos 1970 com o lema "as casas são nossas fábricas", levando o conceito a uma localização mais atual, em que a exigência de produtividade se mistura com a casa, forjando uma verdadeira "casa-fábrica". Trata-se de uma espacialidade produtiva-reprodutiva que funciona portas adentro, todos os dias da semana, sem limite de horário, reeditando formas históricas do trabalho em domicílio, como o das costureiras. Mas isso também se vincula à transformação dos territórios em fábricas, em um sentido mais amplo da noção de doméstico como "territórios domésticos", conforme apontamos anteriormente.

Na Argentina, vários estudos pioneiros discutem as definições do doméstico. Nesse sentido, Elizabeth Jelin e María del Carmen Feijoó (1989), ao analisar as unidades domésticas dos setores populares, propõem pensar a "domesticidade" como um conceito em movimento, de acordo com as atividades que se associem a esse âmbito e com as suas divisões de sexo e gênero. Na mesma linha, o trabalho de Paula Aguilar (2014) entende a domesticidade como um "efeito de conjunto, de múltiplas práticas, discursos e formas de problematização nas quais convergem, na definição de atributos morais, espaços sociais e tarefas específicas como próprias do 'doméstico'". A autora avança em um ponto extremamente relevante ao perguntar se "existe um modo especificamente neoliberal de tornar inteligível e, assim, governável o doméstico no desenho de políticas sociais sob o marco de uma nova questão social".

Entendemos que, hoje, *o capital busca aproveitar a crise para hiperexplorar o espaço doméstico.* Será que o imperativo do trabalho remoto e da escola em casa — imposições da pandemia — está maximizando a exigência de produtividade da casa-fábrica, estendendo-se, inclusive, aos tempos pós-pandêmicos?

Aliás, de que tipo de "casa" estamos falando aqui? Ambientes com pouco espaço, sobrecarregados de obrigações familiares, agora também devem ser lugares produtivos para trabalhos que até pouco tempo atrás se realizavam em escritórios, fábricas, oficinas, comércios, escolas e universidades. À medida que não precisamos mais sair de casa para trabalhar, impõe-se uma espécie de exigência de hiperatividade. Enquanto isso, o capital minimiza seus custos: somos nós, trabalhadoras e trabalhadores, que estamos arcando com o aluguel e os serviços de "nosso" lugar de trabalho; com o trabalho remoto, não "precisamos" usar o transporte para ir trabalhar, o que também barateia nossa "disponibilidade" e a torna mais flexível; oferecem-nos créditos e auxílios para "nos equiparmos" para o trabalho; as plataformas nos obrigam a pagar "armazenamento em nuvem" ou a contratar serviços digitais para viabilizar as interações remotas exigidas pelo *home office*.

Ao mesmo tempo, os serviços de entrega oferecidos por aplicativos de celular asseguram logísticas precárias de distribuição e abastecem alguns itens de consumo necessários a essas casas hiperprodutivas, onde praticamente já não há tempo disponível para fazer o básico, como cozinhar.

Proletarizadas porta adentro, ficando sem ar lá fora. Não é casual que, na Argentina, justamente na pandemia, uma pesquisa contabilizou a quantidade de horas necessárias para o trabalho de cuidados e o trabalho doméstico em geral e mostrou que essa foi a "indústria" que mais cresceu no período.[14]

---

14 "La Dirección de Economía, Igualdad y Género presentó el informe 'Los cuidados,

Se antes se falava em tripla jornada de trabalho para mulheres, lésbicas, travestis e trans (trabalho assalariado, trabalho doméstico e trabalho comunitário), estamos hoje diante da quase impossibilidade de distinguir as horas em que cada uma dessas jornadas acontece. Isso porque, por um lado, há uma indistinção espacial que mistura tudo; e, por outro, a jornada não só se estende em quantidade de horas, mas se intensifica justamente pela indistinção das tarefas e pelo número crescente de afazeres assumidos dentro da casa-fábrica. Cada hora é tripla jornada em si mesma. Enquanto é feito o trabalho remoto, é feito o cuidado; enquanto é feito o trabalho comunitário, atende-se à família; ao mesmo tempo que se trabalha em domicílio, são feitos os trâmites para acessar benefícios sociais e é feita a comida.

Por tudo isso, os lares se tornaram espaços de experimentação para novas dinâmicas do capital. Dentro de casa, parece ancorar-se uma espécie de *continuum* de trabalhos que desafia até mesmo a divisão entre público e privado que estrutura o mercado de trabalho. Nossa hipótese é que *estamos diante de uma reestruturação das relações de classe cujo foco principal é a reprodução.*

Passados os momentos mais extremos da pandemia, esses avanços na flexibilização do trabalho que atomizam os trabalhadores — e que nos precarizam ainda mais — não retrocederam; pelo contrário, parecem ter se instalado como uma nova norma. De fato, os números sobre recuperação do emprego nos últimos meses de 2021 destacam que parte importante dessa recuperação foi feita com postos de trabalho cada vez mais precários.[15]

Ursula Huws desenha uma espécie de "círculo vicioso" em que figura o trabalho precário do serviço de plataformas digitais, usado como canal de abastecimento de lares onde se tra-

un sector económico estratégico. Medición del aporte del Trabajo doméstico y de cuidados no remunerado al Producto Interno Bruto'", Argentina.gob.ar, 1º set. 2020.

15 "Recomposición del empleo y aumento de la precariedade", Instituto IPyPP, 23 dez. 2021.

balha cada vez mais, porque se precisa de mais dinheiro, e onde se tem cada vez menos tempo para as tarefas domésticas, que são supridas com delivery. “No desespero para conseguir mais dinheiro, trabalhamos cada vez mais, mas logo vemos que não temos tempo para cozinhar, manter nosso lar nem cuidar de nossa família. Exaustos, recorremos aos aplicativos de comida pronta e aos serviços domésticos ou de cuidado. Apresenta-se assim uma espiral decrescente em que a escassez de dinheiro persegue a escassez de tempo, mas os extremos nunca se encontram, e o capitalismo se beneficia de uma ponta à outra”.[16]

Externalização da donadecasificação: assim poderíamos nomear esse processo que parece contraditório, mas que, na verdade, é uma requalificação de até que ponto as tarefas domésticas podem ser externalizadas conforme se interiorizam dinâmicas produtivas antes desenvolvidas fora do espaço doméstico. Trata-se de um problema espacial e político, que acarreta questões sobre as formas de confrontação do doméstico e suas reconfigurações.

Vamos mais além: nossa proposta é compreender, *a partir do lar*, o que acontece em circuitos financeiros especulativos mais amplos. Nossa hipótese busca analisar em que sentido o confinamento doméstico se transformou em um espaço de valorização financeira, e como isso se acelerou durante a pandemia. Os espaços cotidianos dos lares se converteram em “terminais” financeiros (para onde se dirigem dispositivos financeiros de dívida, de mediação de renda e de consumo, e de captura de renda), mas também são intensificados como lugares de *produção* de valor (trabalho reprodutivo, trabalho remoto e novas modalidades de trabalho em domicílio) explorados por diversos circuitos especulativos. Nesse sentido, queremos compreender o que, de acordo com nossa hipótese, interpretamos como uma domesticidade cada vez mais explorada e precarizada, que se viu alterada depois de longos meses de suspensão desigual de renda. Nessa domesticidade,

16 “Un círculo vicioso que no se aguanta más”, *Jacobin*, 8 nov. 2021.

a dívida evidencia, de modo paradoxal, a combinação entre possibilidade de resolução da emergência (endividar-se para pagar o aluguel e evitar o despejo, por exemplo) e aumento da extração de valor (captura e controle do trabalho futuro), combinando de modo singular espaço doméstico e tecnologia financeira.

5

ENDIVIDAR A CASA

Durante a quarentena, expusemos a necessidade de pensar metodologicamente a pandemia não como "suspensão generalizada" mas como um momento em que determinados setores da economia aceleraram sua lógica de lucro.[17] A especulação imobiliária é um exemplo. Com a instauração da pandemia, ela não apenas não se deteve como se intensificou, a partir do aumento generalizado do preço dos aluguéis (tanto no mercado formal quanto no informal) e do crescimento no número de despejos devido à acumulação de dívidas dos inquilinos. Esse processo se cruzou com o fenômeno da financeirização da reprodução social que descrevemos nos parágrafos anteriores. Nesse sentido, um aspecto central da transformação das casas em laboratório — e, especificamente, em laboratório da intensificação da extração de renda — é a retroalimentação entre o aumento do endividamento doméstico e o aumento do preço dos aluguéis (devido à desregulação do mercado imobiliário).

O modelo de valorização financeira aplicado às moradias se desenvolve como um extrativismo sobre os territórios urbanos dinamizado pelo capital imobiliário, em aliança com o capital financeiro. A financeirização da moradia, tanto no mercado formal como no informal, é um dos efeitos produzidos pelas manobras espe-

17 "Contra el extractivismo financiero: extender la cuarentena a las finanzas", Instituto Tricontinental, 22 jun. 2020.

culativas de investidores imobiliários que conectam as moradias aos circuitos das finanças globais.

Isso se dá por meio de diversos processos: (i) endividamento para regularizar uma casa durante um processo de urbanização do bairro; (ii) aumento de aluguéis, inclusive recorrendo à dolarização, o que ocorre na Argentina como efeito da especulação imobiliária sobre o solo, dado que o Estado não regula nem o valor do metro quadrado nem o valor de venda das moradias; (iii) concepção da moradia como um "ativo financeiro", um título que se compra e vende através de fundos de investimentos — processo ainda incipiente na Argentina; e (iv) reassentamentos e despejos para converter certas zonas da cidade em novas frentes para os negócios imobiliários.

A seguir, vamos olhar mais profundamente para esse fenômeno por meio de uma pesquisa realizada na Villa 31 y 31 Bis que dá conta das dinâmicas do mercado informal de aluguéis na cidade de Buenos Aires, e a partir do processo de organização desenvolvido pelos Inquilinos Agrupados, que expressou a consolidação de um sujeito de luta durante a pandemia: os inquilinos e inquilinas.

ASSEMBLEIA FEMINISTA VILLA 31 Y 31 BIS

Os espaços autoconstruídos, como as favelas e as ocupações, se transformaram em uma reserva de terra para novas ampliações da fronteira do complexo financeiro-imobiliário. São espaços dos quais os moradores podem ser desalojados com "mais facilidade", além de representarem uma terra mais barata para produzir — e lucrar com — essa expansão. Segundo Raquel Rolnik (2017 [2015]), o poder financeiro avança através de um processo de "colonização do solo e da moradia" que transforma territórios, paisagens, casas e vidas.

Investigamos como isso ocorre na experiência de resistência da Assembleia Feminista Villa 31 y 31 Bis ao processo de urbanização realizado pelo governo da cidade de Buenos Aires — que, como afirmam as organizações populares do bairro, está longe de ser a urbanização reivindicada historicamente pelos moradores. A Villa 31 y 31 Bis fica em uma região estratégica da urbe bonaerense, tanto por se localizar no centro da cidade, entre os bairros Recoleta e Puerto Madero, quanto por se estender até os limites dos espaços logísticos portuários e ser parte de uma reorganização imobiliária da zona costeira de Buenos Aires. Para a gestão metropolitana, esse território é também uma vitrine, porque ali está em jogo a brutal conquista financeira do solo e da moradia.

A urbanização da Villa 31 y 31 Bis foi relançada em dezembro de 2015 graças a um endividamento milionário da prefeitura com o Banco Interamericano de Desenvolvimento (BID). Criou-se até mesmo uma secretaria específica para conduzir o projeto. A partir desse momento, o avanço do capital imobiliário tomou novo impulso. Em dezembro de 2018, o Legislativo municipal sancionou a Lei 6.129, que complementa a Lei 3.343, propondo modificações que anulam pontos da lei original destinados ao fomento da permanência definitiva dos moradores da Villa 31 y 31 Bis. Um mês antes, nasce a Assembleia Feminista Villa 31 y 31 Bis, para organizar a greve feminista no bairro em protesto à decisão judicial que absolveu os feminicidas de Lucía Pérez.[18] Nesse momento, como parte do coletivo Ni Una Menos, começamos a articulação de um trabalho político comum.

Ao longo de 2020, o Ni Una Menos e a Assembleia Feminista Villa 31 y 31 Bis produziram um mapa sobre a situação da moradia no bairro e, especificamente, desenvolveram a análise do pro-

18 Aos 16 anos, Lucía Pérez foi drogada, estuprada e assassinada em Mar del Plata, na Argentina, em outubro de 2016. Em 2018, um tribunal de primeira instância absolveu os homens acusados pelo crime. Depois de um longo processo jurídico, em 2023, Matías Farías foi sentenciado à prisão perpétua, e Juan Pablo Offidani, a quinze anos de reclusão. [N.E.]

cesso que chamamos de "urbanização por dívida". Esse mapa foi um dos resultados das assembleias realizadas em conjunto pelos dois movimentos em setembro de 2019, chamadas "Urbanização sob a ótica feminista: contra o endividamento e as divisões de gênero", nas quais dois eixos nortearam a discussão: "Precariedades e dívida" e "Organização territorial feminista".

Com essa linha de ação, em março de 2020, no contexto da Greve Internacional Feminista de 8 de março, realizou-se nas portas do Banco Santander a assembleia feminista "Isso que vocês chamam de amor é trabalho não remunerado: vivas, livres e sem dívidas nos queremos!", para evidenciar o papel do banco como símbolo de um tipo de urbanização propagandeada como "integração social" (a instituição bancária como estandarte civilizatório), ao mesmo tempo que assume a mediação financeira como política corporativa e de governo.

Se a última ditadura civil-militar argentina (1976-1983) falhou em seu plano de desocupar a Villa 31 y 31 Bis pelo uso da violência física direta, agora essa desocupação concretizou-se por meio da violência da dívida. A noção de "urbanização por dívidas", surgida com *Uma leitura feminista da dívida*, nos permite formular essa hipótese e tornar visíveis os mecanismos de despejo encobertos pela dívida e implícitos nesse processo de urbanização, à força de reassentamentos compulsórios dos moradores em novas unidades, construídas com materiais de péssima qualidade e propagandeadas como modelo de modernização do bairro.

TITULAÇÃO COM BASE NA DÍVIDA

As moradias dos blocos recentemente construídos são entregues por meio de créditos que só são concedidos depois que o morador desocupa a casa própria (construída com muito esforço) e o terreno que será objeto da urbanização. Os vizinhos passam a ser proprietários "virtuais", pois os bancos retêm os títulos de propriedade do imóvel enquanto durar o compromisso de pagamento de uma dívida mensal. Além das parcelas do crédito, os moradores devem pagar pelos gastos com a instalação de serviços públicos e impostos. Esse acúmulo de despesas faz com que a dívida dificilmente seja liquidada, o que reforça o argumento para um futuro despejo a curto prazo, efetivado por meios legais. Ao contrato que promete ao morador o título de uma propriedade devidamente regularizada, firmado entre as partes, subjaz a premissa de que não será cumprido. Assim, o conjunto de obrigações acumuladas que se convertem em dívidas impagáveis ativa a maquinaria dos despejos "legais".

A sanção da Lei 6.129, em dezembro de 2018, determina que as hipotecas podem ser convertidas em letras hipotecárias. Isso abre a possibilidade de serem compradas por um grupo investidor, transportando a um agente financeiro privado a dívida que os moradores mantinham originalmente com o Estado. A venda de títulos de dívida hipotecária a terceiros torna-se o mecanismo concreto para consumar a financeirização do "ativo" moradia.

Além disso, como já pontuamos, as novas moradias são de má qualidade. Segundo relatos das próprias moradoras contempladas pela urbanização do setor chamado "Containera" (em referência à base de contêineres que simulam as casas, em uma analogia com a zona portuária, o que dá muito o que pensar quanto à especulação sobre a paisagem), as paredes são permeáveis a ruídos, não há possibilidade de ampliar ou modificar a construção (impedindo novas dinâmicas familiares e possibilidades de empreendimentos comerciais, questões-chave nas moradias autoconstruídas) e toda a instalação de serviços depende de uma conexão elétrica em um bairro com frequentes cortes no abastecimento de luz. Esse modo de construção barato e precário é marcado tanto pelo tipo de investimento como pelo fato implícito de que as moradias construídas não serão duráveis nem plenamente habitáveis, o que também parece fomentar sua venda.

DESIGUALDADE, VIOLÊNCIA E ORDENAÇÕES DE GÊNERO NA ATRIBUIÇÃO DOS TÍTULOS DE PROPRIEDADE

A Assembleia Feminista visibilizou e criticou o critério familiarista na atribuição dos títulos de propriedade durante o processo de urbanização da Villa 31 y 31 Bis. Graças à organização de mulheres, lésbicas, travestis e trans, ficou evidente que os documentos de posse são entregues a homens ou a mulheres que vivem em famílias heterossexuais com filhos, privilegiando um critério cis-heterossexista que castiga as vidas que não seguem essa norma. Paralelamente, são relegadas ao final da fila as (mal) denominadas "mães solteiras", chefes de famílias monomarentais com uma presença majoritária no bairro, somando conflitos por desagregação familiar. Também houve casos em que o título de propriedade foi outorgado a homens denunciados por violência de gênero, o que obriga as mulheres a conviver com os agressores na mesma moradia. Nesse sentido, em novembro de 2019 a Assembleia Feminista realizou uma mobilização por Lorenza, uma moradora "vítima da violência machista e da urbanização", denunciando que os poderes constituídos preferiram outorgar a propriedade habitacional a seu agressor, e não a ela. No mesmo mês, foi celebrada a primeira marcha do Orgulho LGBTQIA+ trans favelada plurinacional da Villa 31 y 31 Bis. O movimento LGBTQIA+ está diretamente envolvido nos processos de resistência à urbanização, com participação ativa na Assembleia Feminista.

As ações em conjunto, a escuta mútua e a elaboração de discursos na assembleia permitem afirmar que o projeto oficial, que une interesses empresariais e governamentais, é um combo de abusos, ameaças, demolições intempestivas e estratégias de divisão entre famílias, entre inquilinos e proprietários e entre migrantes e argentinos. Embora a Lei 3.343 para a urbanização da Villa 31 tenha sido sancionada em 2009, o partido do chefe de governo da cidade — Propuesta Republicana (PRO), fundado por Mauricio Macri — nunca a colocou em prática, e o poder público quer vender os terrenos para pagar a dívida contraída durante a construção da via expressa Paseo del Bajo, inaugurada em maio de 2019.

A urbanização por dívidas provoca, assim, uma tripla situação de violência: machista, habitacional e institucional. A Assembleia Feminista denuncia que as soluções habitacionais são escassas e precárias, além de não possuírem qualquer perspectiva feminista. É o caso do subsídio habitacional vigente, que exige que, caso queiram recebê-lo, as mulheres, lésbicas, travestis e trans demonstrem que estão morando na rua, inclusive com filhos. Dessa forma, os auxílios disponíveis se transformam em labirintos burocráticos com requisitos revitimizantes.

As redes comunitárias do bairro são as que sustentam, intervêm, cuidam e, em alguns casos, evitam a escalada da violência. Por outro lado, a atuação das forças de segurança tem um papel preponderante na garantia de impunidade da violência de gênero.

TERMOS FAMILIARISTAS

A crise pandêmica intensificou a divisão entre proprietários e não proprietários em termos familiaristas. Por quê? Quando não é possível pagar o aluguel devido à diminuição da renda, a moradia herdada ou conjugal se reforça como único modo de garantir um lugar para morar, excluindo realidades como as da população LGBTQIA+, em geral deserdada e que exerce outras formas de convivência que não passam pela conjugalidade heterossexual. Assim, quando os subsídios e os salários não são suficientes, a propriedade familiar se transforma na moradia disponível, ratificando que esse direito se torna quase impossível de ser exercido por fora da jurisdição da família tradicional. A casa, desse modo, volta a ser o lugar onde se "reordena" o que vinha sendo questionado, além de ser o espaço onde historicamente se fixaram as ordens de gênero associadas às tarefas de reprodução, com suas longas jornadas de trabalho invisibilizado. Questionar o que chamamos de "casa" é também problematizar a suposição de responsabilidade privada pela crise.

#FIQUEEMCASA

Com a pandemia, todos os problemas de moradia se tornaram ainda mais urgentes, e o imperativo do #FiqueEmCasa evidenciou os limites e as dificuldades de um contexto imobiliário informal marcado por forte especulação, residências carentes de serviços básicos, despejos e ameaças. Tudo isso se combinou com um aumento da violência de gênero em condições de confinamento e de crise econômica. Por essa razão, é fundamental visibilizar o espaço doméstico como núcleo de reprodução da vida submetido a novas dinâmicas de exploração e sobrecarga de trabalho.

Na Argentina, os protocolos de limpeza e segurança sanitária no âmbito do bairro ficaram a cargo das próprias organizações sociais e feministas, situadas na linha de frente da emergência. Os cuidados — tanto os familiares quanto os comunitários — foram dificultados pelos cortes sistemáticos no abastecimento de água, e tornou-se impossível cumprir as recomendações de higiene e distanciamento social. À redução das fontes de renda — sobretudo para quem ganha a vida trabalhando na rua e nos mercados populares, ou vive de bicos, e também para as empregadas domésticas — se somaram novas dívidas de aluguéis, serviços, compromissos assumidos previamente, comida e contas de internet para prover a conexão dos filhos com a escola.

A crise habitacional na pandemia também se fez evidente com as ocupações de terrenos na própria favela, cujas protagonistas são mulheres com filhos em situações de violência de gênero, jovens que não têm para onde ir e muitas pessoas que já não podem pagar o aluguel. Os despejos estavam proibidos por decreto. Apesar disso, foram permanentes as pressões e ameaças de proprietários para que inquilinos inadimplentes deixassem os imóveis, e os despejos se consumaram em muitas oportunidades.

Isso que chamamos de *violência proprietária* é ainda mais forte no mercado imobiliário informal, quando a moradia são quartos de pensão ou quartos alugados em uma favela, ou então casas compartilhadas em ocupações, onde em geral não há contrato nem recibo de pagamento, mas os custos e o ajuste da inflação são iguais ou maiores do que os que se aplicam ao aluguel regular de um apartamento pequeno em Buenos Aires.

Essas dívidas, além disso, pretendem confiscar a renda futura dos trabalhadores: sejam salários prometidos para o final da pandemia, benefícios estatais ou dívidas contraídas em circuitos familiares e informais. Isso também se converte em um butim para as instituições financeiras que estão comprando dívidas com o objetivo de, mais adiante, executá-las judicialmente e confiscar os imóveis. De novo, cruzam-se dentro de casa alguns dilemas-chave, como a desromantização do "lugar-refúgio para todos e todas" (como deixou claro o feminismo) e a constatação de que o aluguel de uns poucos metros quadrados hoje custa quase um salário completo (ou tudo o que há de ser feito para "juntar" o dinheiro equivalente a um salário), graças a uma desregulação imobiliária que possibilita níveis excessivos de rentabilidade aos proprietários — o que, por sua vez, permite uma analogia com um circuito global de fundos de investimento que tem feito grandes negócios com remoções e despejos em vários países (Espinoza Minda & Tenhunen, 2021).

A violência proprietária se articula com violências institucionais, como demonstrou o estudo realizado conjuntamente pelo sindicato de trabalhadoras sexuais Ammar e por pesquisadores do Consejo Nacional de Investigaciones Científicas y Técnicas (Conicet) sobre a situação habitacional das trabalhadoras sexuais no bairro de Constitución, em Buenos Aires, no contexto da pandemia: "Os aumentos no preço dos aluguéis continuaram no mercado de hotéis-pensão depois de 31 de março de 2020, apesar do estabelecido pelo Decreto Presidencial 320, de 2020. Isso explica as condições de maior precariedade nesse nicho do mercado de aluguéis, caracterizado por um predomínio de ajustes informais" (Ammar & Conicet, 2021).

Durante a pandemia, a violência institucional, machista e proprietária evidenciou-se como uma força produtiva do extrativismo imobiliário. O caso da Bajo Autopista,[19] na Villa 31 y 31 Bis, foi eloquente nesse sentido. Durante a pandemia, a zona foi liberada, os cortes de luz aumentaram e os casos de assalto e estupro cresceram. Além disso, permitiu-se a concentração de montanhas de lixo em determinados pontos do bairro, para forçar a realocação das famílias. As principais afetadas são mulheres, dissidências sexuais e migrantes, ameaçados com a deportação. Em setembro de 2020, diante da subjugação, das violências e do amedrontamento nesse setor, a Asamblea Feminista Villa 31 y 31 Bis realizou uma manifestação na qual se podia ler uma faixa com as seguintes palavras de ordem: "Se a Sisu [Secretaria de Integração Sócio-Urbana] nos abandona, nós nos organizamos", "Bairros livres de abuso. Redes de cuidados feministas", "Vivas, livres e organizadas! Você não está sozinha!".

A CONSOLIDAÇÃO DE UM SUJEITO DE LUTA: OS INQUILINOS

Como já dissemos, desenvolvemos nossa segunda linha de pesquisa em articulação política com a organização Inquilinos Agrupados. Essa organização tomou para si a tarefa central de produzir informação sobre a situação dos inquilinos de toda a Argentina, diante

19 Bajo Autopista é o nome que se dá aos terrenos localizados sob a via expressa Illia, em Buenos Aires, que abrigam construções (moradias, comércios locais e espaços comunitários) habitadas por 1,3 mil famílias. Esses terrenos foram prometidos pelo governo municipal a especuladores imobiliários, que iniciaram demolições sem a autorização necessária. As famílias que ali residem sofrem abusos constantes como forma de disciplinamento pela recusa em serem realocadas.

da falta de dados oficiais. O primeiro levantamento foi realizado em 2016 e, a partir de junho de 2020,[20] durante o pior momento da pandemia, foi incorporada aos questionários de pesquisa uma pergunta sobre endividamento.

Como as pessoas que vivem de aluguel ficaram mais expostas a ameaças, pressões e cobranças por parte dos proprietários, a situação de endividamento dos inquilinos tornou-se uma questão central. Quase 70% das pessoas que buscaram algum tipo de ajuda dos Inquilinos Agrupados a partir de então eram mulheres, em geral chefes de família, que, como sabemos, foram as mais afetadas pela crise habitacional durante a emergência sanitária.

A organização dos inquilinos foi capaz de evidenciar e colocar na agenda pública as problemáticas que se concentraram nos lares, retirando-as do isolamento: dívidas, aumento dos aluguéis e despejos. A principal conclusão do grupo é que uma parte cada vez maior da renda das famílias passou a ser absorvida pelos gastos com moradia, engordando a renda imobiliária. A consolidação dos inquilinos como atores políticos permitiu também evidenciar o caráter transversal da crise habitacional, que já não se refere unicamente aos setores de baixa renda e às favelas, passando a incluir também boa parte da classe média. Ao mesmo tempo, a organização dos inquilinos colocou em destaque a falta de políticas públicas para o setor, além do desconhecimento do Estado sobre os problemas específicos dessa população.

Em agosto de 2019, a Federação Nacional de Inquilinos defendeu a necessidade de congelar o preço dos aluguéis e, em março de 2020, com a chegada da pandemia, a Argentina e vários países do mundo suspenderam os aumentos de preço dos aluguéis e os despejos. Por sua vez, em junho de 2020, foi sancionada a chamada "Lei de Aluguéis", em meio a uma discussão parlamentar sobre se este tema era ou não parte da emergência sanitária. Entre outros pon-

20 "Cada vez más inquilinos se endeudan para pagar el alquiler", Inquilinos Agrupados, 8 jun. 2020.

tos, o texto legislativo determinou que o tempo de contrato fosse ampliado para três anos, que o Estado retomasse a responsabilidade de fixar o índice de aumento do preço dos aluguéis e que os contratos fossem obrigatoriamente declarados para a Administración Federal de Ingresos Públicos (Afip) [equivalente à Receita Federal, no Brasil]. O mercado imobiliário respondeu a tais medidas com descumprimentos generalizados.

Essa lei põe fim a um período histórico iniciado com a última ditadura civil-militar (1976-1983), quando o Estado abandona a regulação do preço dos aluguéis, dando início à dolarização das moradias e cedendo ao mercado o controle e a decisão de quem pode e quem não pode ter acesso a uma casa na Argentina. Essa desregulação, ademais, coincide com um processo de "inquilinização" da população. Assim, se em 2003 a porcentagem de inquilinos no país era de 14%, em 2020 subiu para 19%. Nas cidades de Buenos Aires, Ushuaia, La Plata e Rosário, no mesmo período, duplicou-se a porcentagem de inquilinos, cujo patamar chegou a estar entre 30% e 40% da população (Muñoz, 2020).

A situação dos inquilinos e das inquilinas se deteriorou gravemente durante a pandemia. Gervasio Muñoz faz uma analogia com a situação observada na Argentina em 1870, quando a febre amarela deteriorou as condições de vida nos cortiços lotados, explicitando a precariedade enfrentada pelas pessoas que moravam em espaços como esses. De maneira semelhante, a crise sanitária provocada pela covid-19 impulsionou a discussão sobre o sistema completamente mercantilizado de acesso à moradia no país.[21]

O slogan #FiqueEmCasa mostrou a sobreposição da crise habitacional com o aumento da violência de gênero. O coletivo Ni Una Menos, em aliança com o grupo Inquilinos Agrupados, impulsionou as palavras de ordem "A casa não pode ser lugar de violência

21 Ver Grupo Investigación Intervención Feminista, "Deuda y violencia proprietaria: finanzas y luchas por la vivienda", ago. 2020. Disponível em: http://genero.institutos.filo.uba.ar/evento/deuda-y-violencia-propietaria-finanzas-y-luchas-por-la-vivienda.

machista nem de especulação imobiliária". Essa violência, salientamos, concretiza-se no abuso direto de proprietários e imobiliárias que aproveitam uma situação inédita de emergência sanitária para ameaçar, amedrontar, não renovar contratos ou despejar diretamente os inquilinos, descumprindo o decreto que proibia as reintegrações de posse. Isso se agrava ainda mais quando se trata de mulheres com filhos, lésbicas, travestis e trans, traduzindo-se em formas diretas de violência de gênero.

De todo esse processo, brota uma pergunta inescapável: quem são os proprietários das moradias de onde são desalojadas principalmente mulheres, lésbicas, travestis e trans? Para muita gente, não foi tão simples atender ao imperativo do #FiqueEmCasa como fórmula de proteção. As medidas adotadas pelo governo, como a renda familiar de emergência (IFE), juntamente com a proibição dos despejos e o congelamento do preço dos aluguéis, buscaram dar resposta a essa situação em um período limitado. A continuidade dos despejos, contudo, evidenciou a ausência de mecanismos necessários para efetivar o decreto de proibição, e o pagamento do IFE durou apenas três meses. Como resultado, portanto, vemos que o aumento das dívidas de aluguel estrutura situações violentas que se multiplicaram com a pandemia.

Os dados mais recentes, de setembro de 2021, apontam que aproximadamente 50% das moradias alugadas são habitadas por inquilinos endividados,[22] demonstrando que as pessoas priorizam o pagamento do aluguel, mesmo que tenham que se endividar com outras fontes para quitá-lo mensalmente. Ser inquilino na Argentina, hoje, é estar endividado. E estar endividado é sujeitar-se mais facilmente a formas mais precárias de trabalho. Por outro lado, as situações de violência doméstica se somam à violência de gênero marcada pelo abuso proprietário — que se revelou particularmente intenso durante os longos meses da pandemia.

22 "La situación de los/as inquilinos/as se ve agravada mes a mes, por los efectos económicos de la pandemia", Inquilinos Agrupados, 31 maio 2020.

A dívida é a antessala do despejo e, ao mesmo tempo, a maneira encontrada pelos inquilinos para adiá-lo, postergá-lo. Para muita gente, ficar sem lugar para viver implica ir diretamente para a rua — ou voltar para lares violentos, dos quais se havia conseguido escapar. Para muita gente, ainda, implica sobrecarregar familiares e produzir situações de maior lotação e precariedade dentro de casa.

A organização dos inquilinos também apresentou alguns dilemas políticos que precisam ser enfrentados: como politizar o preço dos aluguéis? Como conectar a renda obtida com os negócios imobiliários com a renda financeira? Quais são as formas de negócio na cidade que dependem da pauperização dos inquilinos? Quais alianças políticas são necessárias entre inquilinos rurais e urbanos, entre inquilinos dos mercados imobiliários formal e informal? Como organizar e escalar o conflito se não sabemos quem são os proprietários?

A resistência contra a crise habitacional ganhou um caráter global. Um novo vocabulário de luta surgiu para pensar a questão inquilina, ligado aos feminismos, à defesa dos direitos humanos e aos movimentos ambientalistas. Nesse sentido, ficou evidente que as dinâmicas da crise habitacional estão vinculadas a uma economia da violência nas cidades, a qual impacta sobretudo as populações feminizadas e racializadas.

A dimensão transnacional dessa problemática resultou ainda em uma pluralização de medidas de força, de estratégias que apontam para o plano jurídico (leis de proibição de despejo e de regulação de aluguéis, exigência de remissão de dívidas acumuladas na pandemia etc.) e de ações diretas, como a greve de aluguéis, as campanhas contra fundos de investimentos, a criação de brigadas de moradores para alertar e resistir aos despejos e as campanhas de capacitação para que os inquilinos estivessem cientes de seus direitos especiais durante o momento pandêmico.[23]

23 "Encontro Internacional de Organizaciones Inquilinas", YouTube, 23 set. 2021. Disponível em: https://www.youtube.com/live/bv0YI638Lnc?si=1-YUeDXgrFKBLabz.

6

A CASA COMO LABORATÓRIO DO CAPITAL

Queremos evidenciar alguns pontos de tudo aquilo que argumentamos até aqui e explicar, de modo concreto, nossa tese de que a casa se converteu em um campo de batalha, lugar de trabalhos múltiplos, de novos usos de plataformas digitais (em benefício desse tipo de economia), de incidência de dívidas domésticas e de tecnologia financeira. É fundamental problematizar o que acontece ali, junto a nossa vida cotidiana, porque, como ressaltamos, o feminismo se esforçou para desconfinar esse lugar que por muito tempo se quis *privado*, *familiar* e *campo privilegiado do trabalho não remunerado.*

Quando dizemos que a casa se transformou em um lugar propício para as experimentações do capital, não estamos afirmando que se trata de um processo fechado ou concluído. Daí a importância da metodologia feminista: vemos nesse espaço vital uma disputa aberta, e não modificações definitivas. Ainda assim, não podemos deixar de considerar a mudança *que já aconteceu* em boa parte das rotinas domésticas, nas dinâmicas de trabalho, nas próprias marcas impostas pela reorganização sensível e logística da pandemia. Dessa forma, nesta obra, propomos que a casa — sua espacialidade, seu funcionamento e suas dinâmicas — sofreu, nos anos pandêmicos, reconfigurações nodais que não se encerraram com o fim das medidas de restrição sanitária.

Na casa, então, passam a se combinar três processos simultâneos:

(i) Processos de *intrusão* da tecnologia financeira nos lares.

O feminismo vem batalhando contra a ideia do lar como refúgio, sinalizando, pelo contrário, o lar como espaço de opressões interconectadas e dinâmicas de exploração. E o conceito de trabalho doméstico surgiu precisamente contra a ideia do lar como espaço privado e pacífico, isolado das lógicas do mercado de trabalho.

Agora, precisamos dar um passo além: os lares sofrem a intrusão direta de tecnologia financeira (*fintech*). Em outras palavras, as novas tecnologias financeiras elegeram os lares como alvos prioritários de implementação. São plataformas de pagamentos on-line, carteiras digitais e bancos virtuais, canais de obtenção de crédito, de pagamento, de transferências e de investimento que se incorporaram a uma cotidianidade que assume a praticidade do virtual — âmbito da vida contemporânea ao qual se aderiu aceleradamente durante o distanciamento social imposto pela pandemia.

Aqui também devem se somar as *fintechs* de bancos públicos, que disputaram com os bancos privados a preferência da população e foram um dos mecanismos fundamentais para o recebimento dos subsídios de emergência (IFE)[24] durante o surto de covid-19. Depois da emergência sanitária, as empresas de *fintech* passaram a ser priorizadas pelas pessoas na hora de obter o primeiro crédito,[25] tornando-se um canal privilegiado de novas dívidas. Esse é apenas um exemplo que revela como a pandemia

24 O governo argentino decidiu que as empresas privadas que oferecem serviços de *fintech* não podiam fornecer meios de recebimento do auxílio de emergência, pois nos meses anteriores comprovou-se que estavam cobrando taxas de juros altíssimas (Cavallero, Gago & Perosino, 2020).

25 "Avanzan las fintech: 4 de cada 10 argentinos dejaron de usar dinero en efectivo", *Ámbito*, 13 dez. 2021.

serviu de *laboratório financeiro* e traçou um conjunto de *corredores e canais* pelos quais as finanças escavam novos circuitos de extração de valor dentro dos lares. Aqui, devemos somar às formas de intrusão digital-financeira o uso massivo de aplicativos de entrega, que também experimentaram um boom durante a pandemia e que conectaram os espaços domésticos precarizados a serviços providos por meio de logísticas baratas (sem o uso indiscriminado de smartphones, não seria possível sequer imaginar nada disso).

(ii) Processos de intensificação do trabalho doméstico não remunerado para atender às exigências das crises sanitária, alimentar e habitacional, tanto nos lares como em bairros e espaços comunitários, mas também diante da escassez de recursos públicos para garantir a reprodução social.

A redução da oferta de trabalho remunerado (especialmente no que diz respeito às economias populares, ao comércio ambulante e, sobretudo, às empregadas domésticas) devido à crise e à desvalorização da renda gerada pela inflação provocaram uma queda substancial nos ganhos e, em uma contradição apenas aparente que abordamos nos parágrafos anteriores, um aumento do trabalho — principalmente o não remunerado. A sobrecarga de trabalho de cuidado gratuito afetou as possibilidades das mulheres, sobretudo daquelas que são chefes de família com filhos, de participar do mercado de trabalho. Assim, a pandemia penalizou especialmente essa fatia da população com o aumento tanto do trabalho de cuidado como da restrição do acesso a serviços públicos de educação, e com a impossibilidade de dispor de tempo para exercer empregos fora de casa.

As tarefas de cuidado, de provisão de serviços escassos em certas áreas (como a saúde) e a substituição de serviços pela suspensão e/ou a virtualização do público (como, por exemplo, a escolarização dos filhos) intensificaram e estenderam as jornadas de trabalho dentro dos lares. Assim, observamos uma transformação contundente na rotina e na carga horária laboral — situação que persistiu mesmo depois do fim da pandemia —, sobrepondo jornadas de trabalho remoto, de cuidados, de gestão das compras para amortecer o aumento dos preços e de solicitação de benefícios sociais, em condições de maior precariedade para sustentar a reprodução da vida.

Aqui podemos ressaltar a constatação de um fortalecimento das divisões de gênero, que assumem nesse momento de crise formas de superexploração. Recorrendo novamente a Maria Mies (2019 [2022]), a superexploração se define pelo fato de que o capital não só se apropria do tempo e do trabalho excedente que diz respeito ao tempo de trabalho "necessário" (ou seja, a mais-valia), como também avança sobre a apropriação do tempo e do trabalho necessários para a produção da subsistência. Essa é uma concepção importante para pensar as novas configurações entre produção e reprodução que estão em disputa hoje, e como elas se traduzem no próprio espaço das moradias.

(iii) Processos de "produção" de novas dívidas pelo estabelecimento de tarefas não remuneradas, pela desvalorização da renda, pela saída do mercado de trabalho e pelo aumento do preço dos insumos básicos para a reprodução (alimentos e moradia).

Desse modo, instaura-se um circuito: novas tecnologias financeiras se intrometem no lar, conectando-o diretamente ao mercado financeiro, e a intensificação do trabalho não remunerado dentro de casa produz a necessidade de contrair novas dívidas. A situação é paradoxal: a sobrecarga de trabalho reprodutivo é acompanhada por um maior endividamento doméstico. As dinâmicas que se iniciaram na quarentena — e que se prolongam até hoje de diversos modos — podem ser compreendidas a partir dos movimentos que geram dívidas e dos movimentos que geram renda. Assim, é possível colocar em evidência quem pode e quem não pode ficar em casa, além de demonstrar que se mudar de ou permanecer em uma moradia acarreta efeitos diferentes quanto a renda e dívidas.

Precisamos entender, concretamente, o funcionamento da dívida como mecanismo de disciplinamento e extração de valor na crise e o papel da moradia como espacialidade estratégica dessas disputas. Ao próprio preço dos aluguéis, soma-se o endividamento doméstico — situação que se diversificou e se ampliou durante a pandemia, já que as dívidas "não bancárias" por aluguéis e serviços de luz, água, gás e acesso à conectividade cresceram em ritmo acelerado. Essa circunstância se combinou a uma realidade prévia de endividamento dos lares, especialmente os mais precarizados, que analisamos em trabalhos anteriores.

CONCLUSÕES

Nossa intenção com este livro é contribuir para a visibilização da reprodução social como esfera estratégica que passou por reconfigurações centrais durante a pandemia, as quais incluem a intensificação do trabalho reprodutivo: se as creches, os serviços de saúde e o fornecimento de água são escassos ou inexistentes, serão substituídos por esquemas e arranjos dos moradores e das comunidades, majoritariamente sustentados pelo trabalho não remunerado de mulheres, lésbicas, travestis e trans.

É também sobre a reprodução social que se emaranha o endividamento doméstico, o qual oferece soluções monetárias rápidas — e cada vez menos excepcionais — ao encarecimento da vida cotidiana e às emergências. De fato, as finanças capilarizadas nos lares e dinamizadas a partir dos lares reconfiguram o que entendemos por espaço doméstico. Sobre a reprodução social, ademais, articula-se a política habitacional, um tema central da especulação imobiliária e financeira. E sobre as casas em si incidem e se tornam cotidianas novas tecnologias financeiras. Queríamos ressaltar, ainda, como a violência da dívida direcionada a ferir a estabilidade do acesso à moradia produz um exercício específico de soberania das finanças sobre o território.

Desse modo, abordar as razões que levam a uma mudança nas relações de produção que ocorrem prioritariamente no âmbito da reprodução (violentamente agredido e tornado "inseguro") se converte em uma hipótese central para compreender de que formas se hibridizam cuidado e trabalho remoto, restrição de renda e surgimento de novas dívidas, maiores dificuldades no emprego formal e informal e crise habitacional, fortalecimento das plataformas digitais como fornecedoras de serviços e encarecimento das tarifas de internet móvel.

Como já apontamos, muitos trabalhadores em situação de informalidade — principalmente os dedicados às economias populares e às várias modalidades de trabalho autônomo, mas também as empregadas domésticas e as pessoas que foram demitidas — assistiram a uma redução drástica de suas fontes de renda, o que afetou de maneira particular a população trabalhadora que mora de aluguel. Na impossibilidade de serem pagas, as contas de aluguéis e serviços básicos se acumularam, tomando a forma de novas dívidas, ou houve endividamento para evitar a inadimplência e o despejo. As violências domésticas que se expressam no acesso à moradia e sua relação com as violências de gênero não fizeram mais que acelerar com a pandemia, colocando nos holofotes o espaço doméstico entendido como "a casa".

Como dito antes, é evidente que há um novo impulso daquilo que chamamos de *violência proprietária*, uma vez que a propriedade é a fronteira que demarca cada um dos conflitos intensificados pela pandemia. Nem sempre podemos ver esse processo com tamanha nitidez, mas agora a discussão se concentra nos territórios da reprodução social — alimentos, moradia, terra, educação e saúde, espaços fundamentais para o feminismo — e no controle do trabalho futuro pelo endividamento doméstico.

Não é casual, portanto, que a crise habitacional tenha sido um dos traços mais relevantes da pandemia. A casa, esse suposto espaço de refúgio privado, denunciado pelos feminismos como um epicentro de violências, se transforma em um terminal de fluxos que são parte central da cena política e econômica da crise, mundialmente. A "violência proprietária" que se exacerbou na pandemia — direitos de propriedade e patentes, formas de *dueñidad*, para usar a expressão de Rita Segato[26] — expressa justamente um poder proprietário que, diante das demandas emergenciais impulsionadas a partir de baixo, com as crises alimentar e habitacional, por exemplo, se vê ameaçado naquilo que considera seu "direito natural" de posse.

A guerra do capital contra a vida está sendo travada hoje no campo de batalha da reprodução, da remuneração dos trabalhos chamados *essenciais* e da nossa capacidade coletiva de atacar a extração de renda e de modificar as estruturas tributárias. Essa guerra não é abstrata. Pelo contrário, se expressa em cada luta na crise, em cada iniciativa concreta de enfrentamento. O grande desafio é conectar as demandas que surgem em territórios diversos e transformá-las em um horizonte de futuro aqui e agora.

26 "Un mundo de dueños", *Alfilo*, s.d. Disponível em: https://ffyh.unc.edu.ar/alfilo/un-mundo-de-duenos/.

Posfácio

A SOCIEDADE EMERGENCIAL

A LÓGICA DA EMERGÊNCIA

Dois anos depois da publicação, na Argentina, de *La casa como laboratorio* [junho de 2022], um livro-artefato que contém pesquisas, reflexões e conexões com movimentos realizadas durante a pandemia de covid-19, podemos afirmar que as dinâmicas econômicas e políticas analisadas naquele então *se radicalizaram*, impondo um *continuum* emergencial: não mais um estado de exceção, mas uma emergência renovada e permanente.

Em quais espaços? No livro, retomamos debates feministas que apontaram a importância de compreender o âmbito doméstico, historicamente desvalorizado, como lugar privilegiado para dar visibilidade às mutações na valorização do capital. Fizemos isso a partir da conjuntura pandêmica, que foi um divisor de águas global. O que aconteceu durante o surto de coronavírus continua transtornando a vida cotidiana e reorganizando o mundo; interveio na subjetivação da humanidade e manifesta seus sintomas na saúde mental da população de maneira bastante generalizada. A novidade da pandemia, conforme argumentamos, foi experimentada em questões sensíveis, políticas e conceituais que haviam sido massificadas pelo movimento feminista nos últimos anos. De maneira concreta, nos referimos ao modo como a exploração do trabalho e as formas contemporâneas de privatização da reprodução social adquiriram uma relevância singular no calor das mobilizações e das greves feministas, e também às transformações nos vínculos sexo-afetivos e à politização da interdependência com o não humano e as paisagens.

A centralidade política alcançada pelo terreno da reprodução social, a emergência dessa "ideia-força", não é apenas um debate acadêmico, muito menos técnico: refere-se a características que marcaram as lutas feministas nesses anos, lutas que foram capazes de fazer os diagnósticos mais certeiros sobre as formas de exploração, domínio e violência do capitalismo contemporâneo. É a partir daí que privilégios de raça, classe e gênero estão sendo contestados para pensar e habitar outros modos da interdependência.

Analisar a casa como laboratório, como propusemos aqui, é enfatizar a faceta rentista do capital, que se pretende como a mais abstrata e que, ao mesmo tempo, está hoje difundida pelos espaços onde se disputam as hierarquias de gênero, onde se experimentam mais brutalmente a precariedade e a exploração do trabalho não remunerado. O rentismo é uma fórmula do valor que parece necessitar cada vez mais da emergência. É na emergência que as dinâmicas extrativistas podem ser aceleradas. E essa extração se dá sobre os corpos e os territórios.

É a partir daí que pudemos voltar a pensar a casa como lugar de novos cercamentos (*enclosures*): espaços de recolonização financeira para o capital, onde as dívidas continuam se acumulando devido ao aumento global do custo da energia, dos alimentos e da moradia. Acreditamos que, durante a pandemia, tentou-se uma manobra de reprivatização, uma espécie de "chamado à ordem" em reação à ocupação das ruas pelos feminismos e às suas tentativas de subverter o doméstico heteropatriarcal.

De fato, as "casas-fábricas" ativadas na pandemia (um termo que retomamos dos anos 1970, mas sem a conotação fordista de então) continuam submetidas a condições extraordinárias, mesmo depois de o surto de covid-19 ter sido controlado. Esse *continuum* é um ponto nevrálgico de nossa reflexão atual. Hoje, pensamos que nossa capacidade de rearticulação política, de sustentação de lutas e de revitalização de agendas dependerá da maneira como processaremos coletivamente essas transformações ainda em marcha.

Quando falamos em casas-fábricas, não estamos parodiando a forma empresa propriamente neoliberal. Tampouco estamos retrocedendo à forma fabril. O que nos interessa é entender e problematizar a sobreposição de formas fabris de reprodução engrenadas pela atribuição de uma condição de "devedoras" às pessoas de quem se exige que sejam empresárias de si mesmas e consumidoras de serviços baratos de plataformas digitais.

Gilles Deleuze animalizou a moeda para pensar a passagem da sociedade disciplinar para a sociedade do controle. Disse que "o velho topo monetário é o animal dos centros de confinamento, enquanto a serpente monetária é o das sociedades de controle". O que podemos dizer da carteira virtual, do crédito concedido por algoritmos e da dívida como moeda popular? Que tipo de animal estaria a sua altura, a seu modo de se mover?

O marketing já se tornou uma alma antiquada. A empresa já é considerada uma estrutura muito rígida. A retração é sobre algo anterior e, ao mesmo tempo, já completamente reorganizado: o meio doméstico assistido por tentáculos de plataforma, entradas intermitentes de renda e uma cavalgada especulativa para sobreviver à precariedade.

DISCIPLINA, CONTROLE E PANDEMIA

Hoje, os lares sobre os quais nos debruçamos, lidos como espaços simultaneamente microscópicos e globais, continuam sendo o lugar onde se descarrega o aumento do custo da reprodução social, e onde a guerra tem prosseguimento, ainda que por outros meios. O aumento das tarifas de serviços básicos empobrece e altera a vida cotidiana de milhões de pessoas, enquanto evidencia os espaços sobre os quais se acumulam os "custos" da reconfiguração atual. Ao mesmo tempo, a guerra volta a funcionar como discurso de legitimação internacional das políticas de austeridade em certos Estados nacionais.

A guerra na Ucrânia, como um outro meio de continuidade de várias tendências intensificadas na pandemia, exacerbou o fenômeno inflacionário que já se prefigurava no momento da emergência sanitária, com a perturbação e o encarecimento das logísticas globais de mercadorias. O conflito colocou um ponto-final em debates sobre a destinação das verbas públicas e as formas de cuidado coletivo — os quais haviam sido iniciados com muito esforço — e redobrou as apostas militarizadas, familiaristas e racistas.

No caso da Argentina, estamos em uma situação extrema: a inflação aumenta mais de 100% por ano, sendo um elemento altamente veloz da pauperização cotidiana. Aqui, de onde escrevemos, continuamos a ver como as renegociações com os organismos internacionais de crédito titulares da dívida externa continuam limitando a capacidade do gasto social e das medidas redistributivas mínimas,[27] enquanto se propõe a "inclusão financeira" de populações que já se encontravam endividadas pela diminuição da renda e pela alta generalizada e permanente do custo de vida.

Configura-se, com cada vez mais nitidez, uma espécie de *linha da dívida*, em um paralelo com a noção de "linha de cor" descrita por W.E.B. Du Bois com relação à sociedade estadunidense. Na linha da dívida, evidencia-se a variável colonial do capitalismo financeiro, que Paula Chakravartty e Denise Ferreira da Silva (2012) denominam "lógica racial do capitalismo global". Assim, não é casual que, na Argentina, depois da pandemia, muitos conflitos sociais tenham sido marcados por movimentos em defesa do direito à moradia e contra

27 Em 2022, a Argentina refinanciou a dívida de 57 bilhões de dólares assumida em 2018 com o FMI, uma vez que não estava conseguindo pagá-la, assumindo obrigações que reduziram investimentos sociais. [N.E.]

a especulação financeira, que reivindicam regulações para o mercado de aluguéis e que levam a cabo ações concretas contra os despejos. O eco com a crise de 2008 encontra aqui outro ponto de conexão.

Graças ao olhar feminista sobre a crise habitacional, podemos entender, mais uma vez, como os movimentos de financeirização atuam na vida cotidiana, em terrenos de disputa concretos, mostrando que as formas de tornar a reprodução social cada vez mais insegura são um componente essencial da reação conservadora em ascensão.

Na América Latina, como destacam Rolnik, Guerreiro e Marín-Toro (2021), o aluguel se transformou na nova fronteira que conecta o setor financeiro com o imobiliário. Desse modo, a flexibilização das relações de aluguel é um componente da produção de insegurança no âmbito de reprodução da vida. Ao mesmo tempo, propõe-se gerir essa insegurança por meio de aluguéis temporários que incrementam os ganhos financeiros das classes proprietárias.

As plataformas do tipo Airbnb reordenam bairros, cidades e possibilidades de morar de aluguel — e conseguir pagá-lo. Na Argentina, a crise inflacionária *dolarizou* de fato o valor dos aluguéis, a tal ponto que as formas de regulação instalaram uma verdadeira batalha campal com as formas de especulação financeira. O aumento do aluguel funciona, ademais, como um *mecanismo de extração direta* dos salários: ou seja, quanto maior o aluguel, menor a porção remanescente do salário. Isso nos parece fundamental, já que os aluguéis são uma dimensão essencial da precarização generalizada — sobretudo dos trabalhadores e trabalhadoras —, o que implica que os lares se tornam "unidades de cálculo financeiro", tal como apontam Bryan, Martin e Rafferty (2009). Esses autores destacam como a reprodução da força de trabalho está cada vez mais presa ao crédito, dependendo cada vez mais da taxa de juros, o que necessariamente reconfigura a compreensão das relações de classe.

Em nossas organizações, temos insistido que necessitamos de políticas de acesso à moradia contra a especulação imobiliária, porque as mulheres chefes de família, as lésbicas, as maricas, as pessoas travestis e trans são as principais afetadas por esse mercado concentrado e abusivo. Quando o mercado imobiliário concentra o poder, significa que governa, pois adquire capacidade de decidir quem mora e quem não mora em determinadas zonas da cidade — em outras palavras, determina quais vidas merecem habitar uma cidade que se promove como um lugar para todos e todas, mas que é cada vez mais excludente. Por isso, regular o mercado de aluguéis é também uma política profundamente feminista.

Ademais, o mercado de aluguéis é indissociável da acumulação irrefreável de terras, que ocorre simultaneamente ao crescimento da população que vive nas ruas, em albergues ou pensões. As chamadas "pensões familiares" cobram por pernoite. No geral, as pessoas conseguem pagar um pernoite em uma pensão para tomar banho e dormir, e depois voltam para a rua até conseguir juntar o dinheiro necessário para voltar a dormir debaixo de um teto e banhar-se por pelo menos uma noite. Essa dinâmica é uma das poucas alternativas que resta para aqueles que já foram descartados pelo mercado imobiliário como potenciais inquilinos.

"Tremer o chão" ou "perder o chão" são expressões comuns na experiência de desestabilização. A metáfora, não à toa, é doméstica. Não poder gozar das garantias oferecidas pela casa nos expõe a uma incerteza radical, que faz com que encarnemos o pânico oriundo da sensação extrema de falta de abrigo no mundo. Essa situação — ao mesmo tempo íntima e massificada — não seria fonte de uma subjetividade atemorizada? Esse desamparo abismal não produziria um modo de reação diante da política que se rege por calendários eleitorais? Sim, sem dúvida. Ao mesmo tempo, porém, apresenta um desafio concreto para nossas organizações e para as redes coletivas que apostam em construir comunidade diante da canalização reacionária desses medos.

PROGRAMA

Um dos pontos mais importantes é o modo como os sindicatos estão enfrentando essa situação. Acreditamos que a reinvenção da ferramenta da greve pelo movimento feminista internacional a partir de 2017 foi crucial para a proliferação atual das greves, especialmente em setores como a saúde (em particular, as enfermeiras) e as plataformas digitais (trabalhadores e trabalhadoras dos serviços de entrega, em suas mais variadas formas). De modo geral, a greve feminista continua intervindo nas dinâmicas sindicais que acompanham e politizam a crise da reprodução social. Nesse sentido, vislumbramos um horizonte de sindicalismo feminista.

Essa sequência de mobilização e organização ampliou o debate sobre as relações entre as formas de trabalho historicamente desvalorizado, feminizado e não reconhecido com o trabalho assalariado, com as distintas desigualdades que se expressam no mercado de trabalho e com os abismos salariais. Essa divisão sexual e colonial do trabalho estabelece uma hierarquia de origem que estrutura o conjunto das relações sociais.

As análises e as formas de protesto vinculadas ao trabalho realizado por mulheres, lésbicas, travestis, trans, migrantes e camponesas tomaram um novo impulso, tornando-se uma questão inédita de elaboração comum e de confrontação pública. Em especial, explicitou-se como essas formas de exploração — e as violências econômicas a que dão origem — têm um vínculo estrutural com as violências machistas. Essa maneira de conceituar e compreender o trabalho em perspectiva feminista não é apenas um instrumento analítico. Pelo contrário, implicou articular politicamente as reivindicações, pensar a organização em termos coletivos e impulsionar experiências e ensaios práticos de coordenação.

De fato, a problematização do trabalho empreendida pelo movimento feminista em seu ciclo internacional mais recente pode ser tecida e lida a partir de uma série de palavras de ordem que se tornaram emblemáticas: "Se nós paramos, o mundo para", "Somos todas trabalhadoras", "Se nossas vidas não valem, produzam sem a gente" e "Estamos em greve contra a precarização da vida". Globalmente, a organização da greve feminista e, de maneira mais geral, a interação entre os movimentos feministas e as feministas nos sindicatos, além da articulação com movimentos sociais e indígenas, produziram inovações nas formas de organização, no tipo de alianças políticas e nos espaços de convergência e articulação. Nesse sentido, várias experiências permitem explorar e refletir sobre os novos desenhos organizativos do sindicalismo feminista que, dentro e fora dos sindicatos, possibilitaram a construção de espaços de articulação ampliados.

As novas formas de organização do sindicalismo feminista têm várias dinâmicas, já que: (i) atualizam trajetórias sindicais existentes há muito tempo, enquanto impulsionam novos agrupamentos (por exemplo, criando espaços de mulheres sindicalistas e fortalecendo espaços de gênero dentro dos sindicatos); (ii) inventam novas estratégias de tipo gremial (levando as dinâmicas sindicais a outras lutas); (iii) produzem formas mistas a partir de conflitos trabalhistas e feministas atuais antes invisibilizados ou não considerados como tais (por exemplo, questões como o aborto, a reforma previdenciária ou a violência de gênero); (iv) reformulam instâncias orgânicas de coordenação, incluindo novos sujeitos e sujeitas e novos conflitos (por meio de intersindicais, coordenações, assembleias, intervenções em debates sindicais e parlamentares); e (v) reconfiguram as agendas sindicais e feministas, reinventando o que é "próprio" e "comum" a cada uma delas.

As formas organizativas do sindicalismo feminista expandem assim o campo de lutas, sinalizam a existência do trabalho gratuito ao disputar e exigir seu reconhecimento, enquanto reivindicam o recebimento de recursos que incluem e ao mesmo tempo ultrapassam o salário. Essas formas de sindicalismo feminista são um laboratório de ação política para as novas subjetividades trabalhadoras. E são também ensaios para efetivar as reivindicações contra a precarização da vida impulsionadas pela greve feminista.

A greve, para o feminismo, à diferença da greve operária tradicional (isto é, do movimento operário, masculino, assalariado e sindicalizado), não funciona como ferramenta apenas vinculada a trabalhos, tarefas e "ofícios" classificados e reconhecidos. O movimento feminista vem apontando os espaços de reprodução social como espaços diretamente produtivos. Além disso, explicita as razões pelas quais a produção no capitalismo se sustenta pela (e, ao mesmo tempo, esconde) sua ligação inevitável com a reprodução social, que abriga o núcleo da divisão sexual e internacional do trabalho. A reprodução social ilumina, portanto, a importância decisiva da moradia, da educação, das aposentadorias, dos trabalhos comunitários e de bairro, das formas de cuidado coletivo, da criação dos filhos e de tudo o que reproduz a vida social. Mas também mostra como os espaços da reprodução social, onde tudo isso acontece, foram sistematicamente atacados pelas medidas de ajuste estrutural, pela privatização, pela restrição de orçamentos públicos e pela mercantilização neoliberal.

Portanto, o sindicalismo feminista, associado à luta pela reprodução social, revela um plano comum para lutas e reivindicações que, à primeira vista, parecem segmentadas e dispersas. Seguindo esse caminho, o movimento feminista transformou os modos de fazer emergir a conflitividade. Redesenha-se o desafio de organizar outras dinâmicas de reivindicação e negociação.

Um debate inaugurado pelas feministas da década de 1970 volta a ser evocado: o que significa o pagamento de um salário para as tarefas reprodutivas? Por sua vez, a politização dos trabalhos reprodutivos impactou as agendas sindicais do mercado de trabalho e as dinâmicas de precarização do emprego. Exemplos disso são as demandas por licenças igualitárias entre homens e mulheres para trabalhos de cuidado, e por sistemas de seguridade social que incluam o reconhecimento de trabalhos desempenhados no âmbito doméstico. Ademais, a politização da reprodução social provocou um transbordamento da agenda sindical até então centrada no salário, incluindo lutas por acesso à moradia e à terra e contra a exploração financeira. Nos momentos de crise intensificados pela pandemia, ficou evidente que essas questões são urgentes para explicar a forma como as violências econômicas, trabalhistas e financeiras se interconectam com as violências machistas. Como dissemos anteriormente, os diagnósticos feministas têm observado a multiplicação de jornadas dentro de um mesmo dia, o trabalho remoto (*home office*) simultâneo a tarefas escolares dentro de casa, os malabarismos financeiros diante do desemprego e da redução da renda, a substituição de serviços antes providos pelo Estado mas que agora estão a cargo de redes sobrecarregadas, cujos recursos nunca são suficientes.

Por isso, durante a pandemia, esse debate assumiu uma dinâmica global que envolve as maiorias e é capaz de recorrer às contribuições dos feminismos para caracterizar a crise. Por exemplo, diante da crescente quantidade de trabalho não remunerado, vemos surgir novas discussões públicas sobre a renda (ou salário) universal. O movimento feminista deu um passo além, questionando as distintas maneiras pelas quais os programas governamentais de transferência de renda implicam modos de moralização sobre a vida de mulheres, lésbicas, travestis e trans, além de ostentarem roupagens de empreendedorismo.

À lógica emergencial corresponde uma economia do cansaço, da falta de tempo, do esgotamento, que anda de mãos dadas com o roubo especulativo do tempo proporcionado pela intrusão das finanças na vida cotidiana. A greve feminista também dá pistas de como combater essa realidade, propondo uma reapropriação do tempo necessário para que criemos condições para um processo político capaz de nos devolver a especulação sobre o porvir.

REFERÊNCIAS

AGUILAR, Paula. *El hogar como problema y como solución: una mirada genealógica de la domesticidad a través de las políticas sociales. Argentina, 1890-1940*. Buenos Aires: Ediciones del Centro Cultural de la Cooperación Floreal Gorini, 2014.

AMMAR & CONICET. "Estudio diagnóstico sobre la situación habitacional de las trabajadoras sexuales en el contexto de la pandemia de covid-19: acceso a la vivienda y violencia institucional en el Barrio de Constitución", Buenos Aires, 2021.

BASUALDO, Victoria & PELÁEZ, Pablo. "Procesos de conflictividad laboral en el marco de la pandemia del covid-19 en Argentina (marzo-mayo 2020)", documento de trabajo Flacso Argentina, 2020.

BOHOSLAVSKY, Juan Pablo. "Deuda privada y derechos humanos", *Revista Derechos en Acción*, v. 5, n. 15, 2020.

BRYAN, Dick; MARTIN, Randy & RAFFERTY, Mike. "Financialization and Marx: Giving Labor and Capital a Financial Makeover", *Review of Radical Political Economics*, v. 41, n. 4, 2009.

BUTLER, Judith. *Notes Toward a Performative Theory of Assembly*. Londres: Harvard University Press, 2015. [Ed. bras.: *Corpos em aliança e a política das ruas: notas para uma teoria performativa de assembleia*. Rio de Janeiro: Civilização Brasileira, 2018.]

CAVALLERO, Luci & GAGO, Verónica. *Una lectura feminista de la deuda. ¡Vivas, libres y desendeudadas nos queremos!* Buenos Aires: Rosa Luxemburgo / Tinta Limón, 2019. [Ed. bras.: *Uma leitura feminista da dívida: vivas, livres e sem dívidas nos queremos!* Porto Alegre: Criação Humana, 2022.]

CAVALLERO, Luci; GAGO, Verónica & PEROSINO, María Celeste. "¿De qué se trata la inclusión financiera? Notas para una perspectiva crítica", *Realidad Económica*, v. 51, n. 340, 2021.

CHAKRAVARTTY, Paula & FERREIRA DA SILVA, Denise. "Accumulation, Dispossession and Debt: The Racial Logic of Global Capitalism — An Introduction", *American Quarterly*, n. 64, v. 3, 2012.

DELEUZE, Gilles. "Post Scriptum sobre la sociedad de control". *In:* DELEUZE, Gilles. *Conversaciones*. Madri: Pre-Textos, 1990. [Ed. bras.: "*Post-scriptum* sobre as sociedades de controle". *In*: DELEUZE, Gilles. *Conversações, 1972-1990*. São Paulo: Editora 34, 1992.]

DURAND, Cédric. *El capital ficticio: cómo las finanzas se apropian de nuestro futuro*. Barcelona: NED, 2018.

ESPINOZA MINDA, Myrian & TENHUNEN, Lotta Meri Pirita. *Hasta que caiga el patriarcado y no haya ni un desahucio más: deuda, vivienda y violencia patriarcal*. Madri: La Laboratoria / Fundación Rosa Luxemburgo, 2021.

FEDERICI, Silvia. *Calibán y la bruja: mujeres, cuerpo y acumulación originaria*. Buenos Aires / Madri: Tinta Limón / Traficantes de Sueños, 2011. [Ed. bras.: *Calibã e a bruxa: mulheres, corpo e acumulação primitiva*. 2. ed. São Paulo: Elefante, 2023.]

FEDERICI, Silvia. *El patriarcado del salario*. Buenos Aires / Madri: Tinta Limón / Traficantes de Sueños, 2018. [Ed. bras.: *O patriarcado do salário*. São Paulo: Boitempo, 2021.]

FEDERICI, Silvia. *Salario para el trabajo doméstico: Comité de Nueva York: Historia, teoría y documentos (1972-1977)*. Buenos Aires / Madri: Tinta Limón / Traficantes de Sueños, 2019.

FEDERICI, Silvia; GAGO, Verónica & CAVALLERO, Luci (org.). *¿Quién le debe a quién? Ensayos transnacionales de desobediencia financiera*. Buenos Aires: Tinta Limón, 2021. [Ed. bras.: *Quem deve a quem? Ensaios transnacionais sobre desobediência financeira*. São Paulo / Porto Alegre: Elefante / Criação Humana, 2023.]

HARVEY, David. *A Brief History of Neoliberalism*. Oxford: Oxford University Press, 2005. [Ed. bras.: *O neoliberalismo: história e implicações*. 2. ed. São Paulo: Loyola, 2008.]

JELIN, Elizabeth & FEIJOÓ, María del Carmen. "Trabajo y familia en el ciclo de vida femenino: el caso de los sectores populares de Buenos Aires", *Estudios Cedes*, v. 3, n. 8-9, 1989.

LAZZARATO, Maurizio & ALLIEZ, Eric. *Guerras y capital*. Buenos Aires: Tinta Limón, 2021. [Ed. bras.: *Guerras e capital*. São Paulo: Ubu, 2020.]

MEZZADRI, Alessandra. "On the Value of Social Reproduction: Informal Labour, the Majority World and the Need for Inclusive Theories and Politics", *Radical Philosophy*, v. 2, n. 4, 2019.

MIES, Maria. *Patriarcado y acumulación a escala mundial*. Madri: Traficantes de Sueños, 2019. [Ed. bras.: *Patriarcado & acumulação em escala mundial: mulheres na divisão internacional do trabalho*. São Paulo: Ema / Timo, 2022.]

MORINI, Cristina. *Por amor o a la fuerza: feminización del trabajo y biopolítica del cuerpo*. Madri: Traficantes de Sueños, 2014.

MUÑOZ, Fernando. *La desigualdad bajo techo: más de 100 años de alquiler*. Buenos Aires: Ciccus, 2020.

MURARD, Lion & ZYLBERMAN, Patrick. *Le Petit travailleur infatigable: Villes-usines, habitat et intimités au XIXe siècle*. Fontaney-sous-Bois: Recherches, 1976.

NAVARRO, Mina & FINI, Daniele (org.). *Despojo capitalista y luchas comunitarias en defensa de la vida en México: claves desde la ecología política*. México: Bajo Tierra, 2016.

NEGRI, Antonio. *De la fábrica a la metrópolis*. Buenos Aires: Cactus, 2020.

PIMENTEL LARA, Rafaela *et al.* (org.). *Biosindicalismo desde los territorios domésticos: nuestros reclamos y nuestra manera de hacer*. Madri: Territorio Doméstico, 2021.

ROLNIK, Raquel. *La guerra de los lugares: la colonización de la tierra y la vivienda en la era de las finanzas*. Santiago de Chile: LOM, 2017. [Ed. bras.: *Guerra dos lugares: a colonização da terra e da moradia na era das finanças*. São Paulo: Boitempo, 2015.]

ROLNIK, Raquel; GUERREIRO, Isadora de Andrade & MARÍN-TORO, Adriana. "El arriendo — formal e informal — como nueva frontera de la financiarización de la vivienda en América Latina", *Revista Invi*, v. 36, n. 103, 2021.

UNICEF & MINISTERIO DE ECONOMÍA DE ARGENTINA. "Desafíos de las políticas públicas frente a la crisis de los cuidados: el impacto de la pandemia en los hogares con ninãs, niños y adolescentes a cargo de mujeres", Unicef Argentina & Dirección Nacional de Economía, Igualdad y Género, maio 2021.

LUCI CAVALLERO é feminista, socióloga e pesquisadora da Universidade de Buenos Aires (UBA). Seu trabalho aborda a ligação entre a dívida, o capital ilegal e a violência. É coautora de *Uma leitura feminista da dívida* (Criação Humana, 2022), com Verónica Gago; e coorganizadora de *Quem deve a quem? Ensaios transnacionais de desobediência financeira* (Elefante / Criação Humana, 2023), com Verónica Gago e Silvia Federici. É militante dos movimentos Ni Una Menos (contra o feminicídio), Marea Verde (pela descriminalização do aborto) e Greve Internacional de Mulheres.

VERÓNICA GAGO nasceu em 1976, em Chivilcoy, na Argentina. É doutora em ciências sociais, professora da Universidade de Buenos Aires (UBA) e da Universidade de San Martín (Unsam) e pesquisadora do Consejo Nacional de Investigaciones Científicas y Técnicas (Conicet). É autora de *A razão neoliberal: economias barrocas e pragmática popular* (Elefante, 2018) e *A potência feminista, ou o desejo de transformar tudo* (Elefante, 2020), coautora de *Uma leitura feminista da dívida* (Criação Humana, 2022) e coorganizadora de *Quem deve a quem? Ensaios transnacionais de desobediência financeira* (Elefante / Criação Humana, 2023). É militante dos movimentos Ni Una Menos (contra o feminicídio), Marea Verde (pela descriminalização do aborto) e Greve Internacional de Mulheres.

Título original:
La casa como laboratorio: finanzas, vivienda y trabajo esencial
Buenos Aires: Tinta Limón, 2022

Primeira edição, dezembro de 2024
São Paulo / Porto Alegre, Brasil

Dados Internacionais de Catalogação na Publicação (CIP)
Angélica Ilacqua CRB-8/7057

A casa como laboratório: finanças, moradia e trabalho essencial / Luci Cavallero e Verónica Gago; tradução de Julia Rabahie — São Paulo: Elefante; Porto Alegre: Criação Humana, 2024.
80 p.

Bibliografia
ISBN 978-65-6008-078-2

Título original: La casa como laboratorio: finanzas, vivienda y trabajo esencial

1. Economia 2. Feminismo 3. Sociologia I. Cavallero, Luci II. Gago, Verónica III. Rabahie, Julia

24-4450 CDD 330.82

Índices para catálogo sistemático:
1. Economia

---

elefante
editoraelefante.com.br
contato@editoraelefante.com.br
fb.com/editoraelefante
@editoraelefante

criação humana
criacaohumana.com.br
contato@criacaohumana.com.br
fb.com/criacaohumana
@criacaohumana

TIPOGRAFIA Feruka, Silva & Rand

PAPEL Cartão 250 g/m² & Pólen bold 90 g/m²

IMPRESSÃO Margraf